정답 찾는 아이,
질문 찾는
아이

우리 아이 미래 인재로 만드는 다섯 가지 힘

정답 찾는 아이,
질문 찾는
? 아이

메이저맵 지음

포르*체

이제는 새로운 인재가
필요하다

우리의 교육은 올바르게 가고 있는가

최근 우리나라는 빠른 속도로 초고령 사회에 진입했고, 세계 최고의 저출산 국가가 되었다. 60여 년을 이어오던 고도성장도 멈추면서 국가 경쟁력의 위기를 경고하는 목소리가 나날이 커지고 있다. 전 세계가 놀랄 정도였던 대한민국의 빠른 성장이 한계에 다다랐다는 것은 이제 새로운 패러다임으로의 전환이 필요하다는 뜻이기도 하다.

현재 챗GPT 등 엄청난 성능의 인공지능이 일상에 깊숙이 침투했지만 우리나라의 교육은 크게 변하지 않았다. 학생들은 여전히 암기, 주입식 교육, 대입에 갇혀 있으며 시험을 잘 보고 좋은 대학에 가는 것을 최종 목표로 생각한다. 학생들은 모르는 것을 새롭게 배우고 응용하는 창의적 학습보다는 성적을 잘 받기 위해 정답을 외우고 시험에서 실수하지 않는 수동적 학습에 익숙하다. 사회는 창의력이 중요하다고 강조하지만 정작 창의력을 키우고 발휘할 만한 환경과 여건은 마련되지 않았다. 우리 교육은 과연 올바른 방향으로 가고 있는 것일까?

우리는 더 늦기 전에 스스로에게 질문을 던져야 한다. 물리적, 디지털적, 생물학적 영역 사이의 경계를 흐리면서 기술의 융합이 펼쳐지는 제4차 산업혁명 시대를 우리는 어떻게 대비해야 할까? 이미 챗GPT가 단순 지식 노동자를 대체하고 있는 인공지능 시대를 앞두고 우리는 어떻게 준비해야 할까?

이제 교육은 단순히 정보 전달과 훈련 제공에서 벗어나 변화하는 환경에 적응하며 성장할 수 있는 비판적 사고자, 문제 해결사, 혁신가를 길러 내는 것에 초점을 두어야 한다. 앞으로 질문할 수 있는 교육, 사고와 창의성의 다양성을 중시하는 교육이 필요하다. 학생들은 자유롭게 가능성을 발휘할 수 있는 학습의 주체가 되어야 하고, 인공지능은 따라올 수 없는 가장 인간다운 역량을 키워야 할 것이다.

인공지능과 함께 일하는 미래 인재

4차 산업혁명 시대에는 인공지능이 노동자를 대체할 것이라고 우려하는 사람들이 많다. 실제로 인공지능이 인간을 대체한 직업들도 속속 등장하고 있다. 실제로 인간은 인공지능이 지식을 축적하는 속도와 생산성은 결코 따라잡을 수 없다. 그러나 기술의 발전을 막연히 두려워하지 않아도 된다. 인공지능과 함께 일할 줄 아는 역량이 있다면 더 높은 가치를 창출할 수 있기 때문이다.

앞으로 어떤 일자리가 사라질지, 어떤 일자리가 새롭게 창출될지 정확히 예측하는 것은 거의 불가능하다. 지금 유망하게 여겨지는 직업이 미래에도 유망할지, 혹은 더 유망한 새로운 직업이 생각지도 못한 영역에서 생겨날지 알 수 없다. 다만 분명한 것은 인공지능이 단순 생산 업무의 대부분을 대체하는 동시에 많은 사람은 인공지능과 함께 일하게 될 것이라는 점이다.

지금까지 정답을 찾는 교육을 받은 기성세대 인재들은 빠른 암기력와 적용 능력으로 해외의 선진 기술을 학습하고 목표에 빠르게 도달할 수 있는 정답을 찾아냈다. 자신에게 주어진 역할을 효율적으로 수행하는 인재가 기업에서 인정받을 수 있었다. 하지만 앞으로는 새로운 기술을 유연하게 배우고 수많은 지식과 데이터를 창의적으로 융합하며 문제를 정의하고 해결하기 위해 인공지능에게 가장 적절한 질문을 던질 수 있는 인재가 더 큰 가치 창출에 기여할 것이다.

미래의 인재들은 이제 인공지능이라는 가장 유능한 비서 혹은 부하 직원을 두게 된다. 우리에게는 직접 데이터를 해석하는 능력이 아니라 인공지능에게 맡길 일을 결정하는 능력과 인공지능을 활용해 유용한 데이터를 도출해 내는 능력이 필요하다. 이를 바탕으로 함께 일하는 사람들과 자유롭게 토론하고 원활하게 의사소통하는 커뮤니케이션 능력과 리더십을 갖추어야 한다.

정답을 찾는 것이 아니라 정답을 만들어야 한다

1977년에 우리나라는 B형 간염 백신을 최초로 개발하고도 인증할 수 있는 기준을 마련하지 못했다. 미국과 프랑스에서 개발된 백신이 인증을 받은 후, 그 기준을 빌려서 인증을 할 수 있었다. 그 바람에 세계에서 세 번째로 B형 백신을 인증받은 국가가 되었다. 우리나라에서 백신 기준을 만들었다면 어땠을까? 만일 당시 우리나라가 B형 간염 백신을 빠르게 인증해서 수출할 수 있었다면, 그로 인해 창출될 수 있었던 부가 가치는 가늠하기 어려울 정도로 높았을 것이다.

고도성장 사회에서 좋은 대학에 가는 것으로 많은 인생의 숙제를 해결했던 부모님 세대의 해결책은 성숙해진 사회를 살아야 하는 학생들에게는 통하지 않는다. 정답을 잘 찾는 사람이 우수한 인재로 평가받는 시대는 이미 끝났다. 이제는 문제를 발견하고 세상에 없었던 정답을 만들며 새로운 기준을 세우는 사람들이 필요한 시대다.

인증받는 사람과 인증하는 사람.
답을 좇는 사람과 답을 제시하는 사람.
비교 당하는 사람과 나답게 사는 사람.
앞으로 미래 인재는 어떤 방향으로 나아가야 하겠는가?

인공지능이 결코 대체할 수 없는 인간만의 역량을 갖추기 위해 미래의 인재들은 더 넓게 바라보고 더 깊게 사고할 줄 알아야 한다. 물론 이는 교과서에 나오는 것처럼 읽고 외워서 정답을 찾고 적용할 수 있는 문제는 아니다. 이 책에서 제시하는 미래 인재 양성 방법은 어찌 보면 미래를 살아갈 인재들의 성공을 위한 밑거름인 동시에 인공지능 시대에 더욱 인간다운 인간이 되기 위한 표지판이라고도 할 수 있다.

메이저맵 대표이사
이중훈

목차

1장

시대는 질문 찾는 아이를 원한다

챗GPT의 등장이 바꿔 놓은 시대의 변화

시대는 새로운 인재를 요구한다

호모 사피엔스의 역사를 다룬 《사피엔스》[1]의 저자 유발 하라리Yuval Noah Harari 교수는 빠른 기술 혁명을 바탕으로 미래의 신인류는 '호모 데우스Homo Deus'가 될 것이라고 예측했다. '데우스Deus'는 라틴어로 '신'이라는 뜻이다. 인류는 생명 공학, 인공지능 등 각종 신기술과 경제 성장을 바탕으로 신과 같은 존재가 될 것이라는 이야기다. 물론 결국 인본주의의 근간이 흔들리며 인간조차 하나의 데이터로 전락할 것이라는 어두운 미래를 경고하고 있지만, 유전자도 개량하여 초인적인 신체와 불멸을 꿈꾸게 될 만큼 인류는 엄청난 발전의 흐름에 휩쓸려 있다.

인류의 발전은 산업혁명에서부터 빠른 속도로 이뤄졌다. 18세기 후반 기계의 발전으로 영국을 필두로 일어난 급격한 경제적·사회적 변화를 산업혁명이라고 한다. 1차 산업혁명은 농부들의 일자리를 공장으로 옮겼다. 전기와 내연 기관의 발전으로 시작된 2차 산업혁명은 사람들이 일상에서도 전신 및 전화, 자동차 및 비행기 등으로 기술의 효용성을 느끼게 하는 터닝 포인트가 됐다.

이전까지만 해도 교육은 특권층만 누릴 수 있었다. 그러나 영국에서 시작된 첫 번째 산업혁명 시대에 이르러 교육 혜택은 일반 노동자에게까지 제공되었다. 공장의 노동자와 그의 자녀, 미래의 노동자를 육성하기 위한 교육 및 보호 시설인 '학교'가 처음 등장한 것이다. 당시 학교 교육의 목적은 명확했다. 기계에 익숙하지 않은 농민을 숙련된 노동자로 바꾸는 것이었다.

2차 산업혁명 시대로 넘어오며 국가 주도로 교육 시스템이 고도화되었다. 독일과 같은 후발 산업화 국가들은 영국의 산업혁명에 주목했고 이를 따라잡기 위한 계획을 세웠다. 영국의 성공을 따라가기 위해서는 발전된 기술을 응용하고 고도화할 수 있는 노동자가 필요했다. 각국의 정부는 인적 자원 개발을 목표로 지식을 체계화했고, 아이들을 잠재적인 기술자로 만들기 위한 교육을 실시했다. 바로 이때 처음으로 '의무 교육'과 '주입식 교육'이 등장했다.

즉 이는 산업 고도화를 위한 지식 노동자 및 관리자를 빠르게 길러 내는 데 초점을 둔 교육 방식이다. 이를 기반으로 미국, 독일, 프랑스, 이탈리아 등 오늘날의 선직국들이 강대국 반열에 오르게 되었다. 1840년 세계 공업 생산량의 45퍼센트를 차지하던 영국의 비중이 1913년에는 14퍼센트로 감소한 반면, 같은 기간에 독일은 12-16퍼센트, 미국은 11-36퍼센트로 증가했다.[2]

그렇다면 컴퓨터와 인터넷, 즉 정보통신기술 Information Technology, IT의 발전으로 시작된 3차 산업혁명 시기는 어땠을까? 이때부터는 개인용 PC의 발전, 인터넷과 월드와이드웹, 그리고 브라우저의 개발로 전 세계 컴퓨터가 하나로 연결되기 시작했고, 이는 지식의 창출, 보관, 관리에 막대한 영향을 끼쳤다. 컴퓨터와 인터넷의 발달로 이어지는 3차 산업혁명의 핵심 기술을 컴퓨터 기술이나 인터넷 기술로 부르기보다는 정보통신기술이라고 부르는 이유는 컴퓨터와 소프트웨어 그리고 네트워크 기술이 정보를 관리하고, 저장하고, 교환하는 방식에 근본적인 차이를 불러왔기 때문이다.

빌 게이츠, 스티브 잡스, 마크 주커버그와 같은 혁신가들은 이러한 기술을 바탕으로 거대 자본 없이도 독특한 가치를 생성했다. 자본과 공장이 아닌 개인의 창의성을 무기로 차고나 기숙사와 같은 개인 공간에서 엄청난 가치를 창출해 낸 것이다. 더 이상 막대한 자본이 생산의 유일한 결정 요인이 아니게 되었고, 공장뿐 아니라 어디서든지 가치를 창출할 수 있는 시대가 도래했다.

3차 산업혁명을 주도한 인터넷의 발전은 교육 환경 또한 크게 바꾸었다. 우선 이러닝E-learning 이라는 말로 대표되는 인터넷 중심의 교육 환경이 구축되며 지식과 정보에 대한 접근성이 매우 향상되었다. 특히 기술 발전으로 사회 변화 속도가 빠르게 증가해 지식의 생성과 소멸 주기가 짧아져 '평생 학습'이라는 개념이 강조되기도 했다.

인류 발전과 함께 교육의 목표가 어떻게 바뀌어 왔는지 살펴보면, 1차 산업혁명 시대는 농부들을 공장 노동자로 바꾸는 데 초점을 맞추었고 2차 산업혁명 시대는 생산 과정을 감독하고 향상시키는 기술자와 관리자를 길러 내는 것을 목표로 했다. 이런 교육 방식 하에서는 주입하는 내용과 확보할 수 있는 자원이 명확했다. 정부와 기업은 개인이 배워야 할 지식과 기술을 정의했고, 대입과 취직이라는 보상으로 동기 부여를 해 왔다.

그러나 3차 산업혁명 시대부터 시대가 필요로 하는 인재는 달라졌다. 성실한 노동자와 전문성을 갖춘 기술자가 인정받던 과거와 달리 3차 산업혁명 이후로는 전문성과 더불어 지식 활용 능력 및 창의성을 갖춘 인재가 요구되기 시작한 것이다. '창의적 인재 양성'이 새로운 교육의 목표로 자리함에 따라 우리는 새로운 질문을 던지게 되었다.

"우리는 어떻게 창의성을 가르칠 수 있을까?"

기준을 따르는 인재가 아니라 기준을 세우는 인재

'기적 만들기 Making a Miracle.'[3]

미국 시카고대학교 경제학과 명예교수이자 1995년 노벨 경제학상을 받은 세계적인 경제학자 로버트 루카스 Robert Lucas가 한국의 경제 발전을 연구한 논문의 제목이다. 1960년대 이후 한국의 경제 성장은 어떤 경제 이론으로도 설명할 수 없는 기적과도 같다는 뜻이다. 한국은 1960년부터 1988년까지 1인당 국내총생산이 매년 6.2퍼센트씩 성장하며 11년 만에 생활 수준이 2배로 향상되는 모습을 보였다. 루카스 교수는 한국의 경제 성장에 대하여 자신의 논문에 이렇게 묘사했을 정도다.

"Simply advising a society to follow the Korean model is a little like advising an aspiring basketball player to follow the Michael Jordan model."[4]

"어떤 사회에 한국의 경제 성장 모델을 본받으라고 조언하는 것은 농구 선수에게 마이클 조던처럼 하면 된다고 말하는 것과 같다."

루카스 교수에 따르면 우리나라의 빠른 성장의 배경에는 다름 아닌 인적 자본(지식)의 축적이 있었다. 여기서 말하는 인적 자본이란 노동의 공급 주체인 각 근로자에게 내재된 기술이나 지식을 말한다. 인적 자본은 물적 자본과 마찬가지로 교육과 같은 일종의 투자를 통해 증대시킬 수 있다.

그리고 인적 자본을 쌓을 수 있었던 주된 원동력은 바로 '답을 빠르게 찾는 교육'이었다. 우리나라가 그동안 필요했던 인재는 창의적인 대안이나 방향을 제시하는 사람이 아니라 빠르게 답을 외우고 업무에 적용할 수 있는 암기와 반복에 능한 인재였다. 1960년대부터 1990년대의 고도 압축 성장기 동안 우리나라 기업들은 해외의 선진 기술을 가능한 빠르게 학습한 후 생산 단계에 바로 적용할 수 있는 인재, 다시 말해 지식을 잘 암기하고 외운 지식을 잘 꺼내 쓸 수 있는 인재를 원했다.

그동안 정답 찾기 역량을 평가했기 때문에 우리나라 대학 입시에서 가장 중요한 건 '실수하지 않는 것'이 되었다. 94점 받은 학생이나 100점 받은 학생이나 학업 역량에 큰 차이가 있다고 보기 어렵다. 그러나 94점과

20

100점을 받은 학생이 각기 들어가는 대학이 다르기 때문에 시험에서 실수하지 않는 것이 개인의 학업 역량이 된 것이다. 지식은 교과서 안의 지식과 교과서 밖의 지식으로 그리고 대입에 관련된 지식과 그렇지 않은 지식으로 철저히 분리되었다. 지금까지도 대부분 학생의 관심은 '이거 시험에 나오나요?'이다.

대학을 나와 회사에 들어가면 직장은 '또 하나의 가족'이었다. 아침부터 밤늦게까지 일하고 때로는 주말까지 출근하는 것이 당연한 일과였다. 직원이 회사에 충성을 다하면 회사는 건강 보험, 자녀 학비 등을 지원했다. 이렇게 직원은 회사에 몸 바쳐 일하고 회사는 직원에게 복지를 제공하는 문화가 지속되며 '평생직장'을 갖는 것이 성공이라고 여겨졌다. 대한민국의 성장을 이끌어 온 수많은 인재들은 정답을 찾는 교육을 받으며 학창 시절을 보냈고 이 과정을 함께했다.

정답을 잘 찾는 인재들을 양성하고 그에 힘입어 대한민국은 빠르게 성장해 왔지만, 어느 순간 새로운 성장 전략이 필요한 시점에 도달했다. 기업에서 지식을 잘 암기하고 정답을 찾는 인재를 채용하려고 한 이유는 우리나

라가 지금까지 주로 '패스트 팔로워Fast Follower' 전략을 써
왔기 때문이다. 가발, 염색과 같은 1차 산업에서 시작해
서 기계, 화학 공업과 같은 2차 산업, 그리고 최첨단 반
도체와 같은 3차 산업까지 다른 국가나 회사에서 하던
사업과 기술을 익히고 고도화하는 데 집중해 온 것이다.
세계 정상의 제품과 기술을 빠르게 학습하고 따라잡고
넘어서는 방식으로 한국은 반도체 시장, 중화학 공업 시
장, 자동차 시장에서 세계 정상을 차지할 수 있었다.

최근 들어 중국 등 후발 신흥국의 추격이 거세지는 한
편 미국 등 기술 선점국과의 격차는 좁혀지지 않고 있다.
여기에 인구 절벽으로 인한 노동 인구 감소, 내수 시장
축소로 20년 후에는 인도네시아, 나이지리아, 이집트, 브
라질, 파키스탄 등 인구 대국의 경제 규모가 우리나라를
뛰어넘고 우리나라 경제 성장률은 15위권 밖으로 밀려
날 것이라는 예측도 나오고 있다.[5]

이제 기존의 방식으로 성장한 인적 자본만으로는 경
쟁력을 갖추기 어려운 시대가 도래했다. 물론 답을 빠르
게 찾고 현장에 적용하는 것도 중요한 능력이다. 주입식
교육과 암기 그 자체가 비판의 대상이 될 수는 없다. 한

국형 교육은 산업 현장의 필요에 맞추어 정보를 저장하고 필요할 때 다시 불러오는 능력을 효과적으로 키워 주었으며 경제 성장이라는 대명제 하에 놀라운 성과를 거둔 것이 사실이다. 문제를 찾고 질문하는 일은 결정권자를 비롯한 소수 엘리트가 담당했고, 대부분은 문제를 잘 푸는 것으로 인정받았다. 그러나 이런 방식이 곧 한계를 맞이하게 될 것이라는 우려는 지속적으로 존재했다. 우리는 항상 '세워진 기준 아래서 열심히 뛰는' 입장이었지 '기준을 세우는 입장'이 아니었기 때문이다.

반도체 산업을 봐도 우리나라 성장의 한계가 단적으로 드러난다. 우리나라 반도체 세계 시장 점유율은 21퍼센트 수준이지만 시스템 반도체 점유율은 3퍼센트에 불과하다. 우리나라는 메모리 반도체 관련 분야에서는 최고 수준의 생산 및 공정 기술을 보유했지만 고도로 특화된 시스템 반도체를 설계하는 기술은 아직 높은 수준에 이르지 못했다. 단순한 저장 및 연산을 담당하는 메모리 반도체와 달리, 전자 기기의 두뇌 역할을 하는 시스템 반도체는 4차 산업혁명의 핵심 사업이다. 시스템 반도체는 데이터를 분석하고 딥 러닝 알고리즘을 실행하는 데 필요하고, 사물 인터넷 및 자율 주행 기술에 활용할 때도 쓰인다. 앞으로 시스템 반도체의 수요는 급증할 것으로 예상된다.

우리보다 기술이 한참 뒤쳐져 있다고 평가받던 중국은 시스템 반도체 분야에서 무서운 속도로 성장하고 있다. 세계 50위 반도체 설계 전문 기업에 우리나라 기업은 단 한 곳만 들어갔지만 이미 중국에는 9개의 회사가 포함됐다. 우리나라는 시장을 석권한 메모리 반도체 분야처럼 표준화[6]된 제품의 생산을 효율화해 성공을 거둬 왔지만, 앞으로는 핵심 기술을 개발하고 지식 재산Intellectual Property, IP 확보를 위한 새로운 시도가 필요하다.

반도체뿐 아니라 다른 첨단 산업 분야에서도 상황은 다르지 않다. 우리나라는 기술을 선점하고 특허 등 지적 재산권을 확보하는 표준 전쟁에서 한참 뒤쳐져 있다. 마이크로소프트, 구글, IBM, 애플 등 미국 기업이 전 세계 소프트웨어 시장에서 97퍼센트를 차지하고 있는데 반해 우리나라의 소프트웨어 시장 점유율은 1퍼센트가 채 되지 않는다.[7] 영국 데이터 분석 미디어 토터스인텔리전스가 2022년 9월에 조사한 글로벌 AI 지수 결과에 따르면[8] 우리나라는 조사대상 62개국 중 7위로, 2021년 대비 이스라엘과 싱가포르에 추월당하면서 두 계단 하락했다. 7개 평가 부문 가운데 우리나라는 개발 능력 3위, 인프라 6위로 비교적 높은 순위를 기록했지만 인재 수준은 28위였다. 인공지능 분야 내 숙련된 기술 수준 인력이 상대적으로 부족하다는 진단이다.

이제 선진국에서 세운 기준을 빠르게 추격하는 패스트 팔로워 전략은 한계에 다다랐다. 한국이 모방할 만한 최첨단 산업도 거의 남지 않았다. 이제는 새로운 기술을 따라가는 것이 아니라 새로운 분야를 먼저 개척하고 변화를 주도해 나가는 '퍼스트 무버'가 되어야 하고, 아예 시장의 판도를 바꾸는 '게임 체인저'를 꿈꿔야 한다. 즉 이 시대에서 살아남고 또 더 넓은 가능성을 노려볼 수 있는 인재를 위한 새로운 교육이 필요해진 시점이다. 앞으로 기준을 따르는 인재가 아닌 기준을 세우는 인재를 양성해야 한다.

4차 산업혁명 시대의 새로운 인재를 묻다

대한민국의 성장 흐름에 따라 필요로 하는 인재상이 달라져 왔지만 안타깝게도 3차 산업혁명 시대부터는 교육 현실이 시대상을 반영하지 못했다. 교사가 일방적으로 교과서의 정보를 학생에게 충실하게 전달하는 기존의 교육 방식이 바뀌지 않고 이어져 온 것이다. 여전히 학교에서는 기존의 지식을 학습하여 주어진 과제에 적응하는 방식으로 수업이 운영되었고 학생은 변함없이 지식과 정보를 일방적으로 받았을 뿐 지식을 생산하거나 수업에 활발히 참여하지는 못했다.

학생들은 정보를 활용하거나 창의성을 발휘하는 것보다 정답을 빨리 찾아내는 역량을 꾸준히 요구받았다. 사람들은 전문적 지식이 필요한 법률, 의료 등의 직업군이나 기존 정책을 바탕으로 행정 및 관리 업무를 맡는 공무원 등의 행정직을 많이 원하는 경향이 있는데, 그런 직군은 결국 답을 잘 찾아내는 인재를 필요로 했다.

3차 산업혁명을 넘어 한국형 성장 모델이 한계에 다다른 지금 우리는 또 다른 혁신의 시대에 도달해 있다.

2016년 개최된 다보스포럼에서 세계경제포럼 World Economic Forum의 의장 클라우스 슈밥 Klaus Schwab은 4차 산업혁명이라는 개념을 처음 제시했다. 슈밥은 4차 산업혁명을 물리적, 디지털 및 생물학적 시스템 간 경계가 흐려진 기술의 융합이라고 정의한다. 또한 4차 산업혁명이 21세기와 동시에 출현했다고 말하며 몇 가지 특징으로 유비쿼터스 모바일 인터넷, 더 저렴하고 강력한 센서, 인공지능과 기계 학습을 제시했다. 또한 오늘날은 단순히 기기와 시스템을 연결하고 스마트화하는 데 그치지 않고 나노 기술, 재생 가능 에너지, 양자 컴퓨팅까지 다양한 분야에서 거대한 발전이 동시다발적으로 일어나고 있으며 이 모든 기술이 융합하여 상호 교류하기 시작했다고 전했다.[9]

슈밥은 3차 산업혁명과 구분되는 4차 산업혁명의 요소로 빠른 발전 속도, 기술의 범위와 깊이, 사회 시스템의 충격을 꼽았다. 다만 이러한 요소들은 객관적으로 측정하기는 어렵다 보니, 미국의 미래학자 제러미 리프킨 Jeremy Rifkin은 새로운 산업혁명의 기준으로는 해당 산업혁명을 일으키는 중심 기술의 여부가 중요하다고 지적하기도 했다. 냉정하게 바라본다면 1차 산업혁명에서는 증기 기관, 2차 산업혁명에서의 전기, 3차 산업혁명에서의 반도체와 인터넷 등 변화를 일으킨 중심 기술이 존재했던 것과 달리 4차 산업혁명에는 뚜렷한 기술적 원인이 드러나지는 않는다. 슈밥이 4차 산업혁명의 원인으로 제시한 기술은 현재 유망하다고 판단되는 거의 모든 기술을 망라하고 있다.

따라서 4차 산업혁명은 디지털 기술을 적용하여 기존의 프로세스를 효율적으로 고도화하는 디지털 구현과 디지털 기술을 중심으로 비즈니스 프로세스 및 비즈니스 모델을 재설계하는 디지털 전환 사이 어딘가에 위치했다고 볼 수 있다. 4차 산업혁명에 대해 의견이 분분하지만 기존 어느 때와 비교할 수 없는 속도와 범위로 디지털 기술이 산업과 우리 삶 전반에 깊숙이 들어온 것은 부인할 수 없다.

슈밥이 근거로 제시한 기술적 변화들이 지닌 공통적인 특징은 바로 융합과 연결이다. 슈밥은 기존의 기술로 제작된 제품에 사물 인터넷, 센서, 클라우드를 도입해 초연결 시대를 구성하면 기존에는 없던 세상이 열릴 것이라고 주장한다. 사람과 사람의 연결은 물론이고, 사물과 사물, 사물과 공간, 사람과 공간 등이 연결될 뿐 아니라 현실과 가상 현실까지 연결된 사회는 어떠한 모습일까?

기존의 산업혁명 역시 궁극적으로 연결 범위의 확장을 불러왔다. 1차 산업혁명 시기에는 증기 기관을 통한 교통의 연결, 2차 산업혁명 시기에는 전기를 기반으로 한 통신의 연결, 3차 산업혁명 시기에는 인터넷을 기반으로 한 정보의 연결이 있었다. 4차 산업혁명의 특징은 '인간과 인간의 연결을 넘은 모든 것의 연결'을 가능하게 한다. 놀랄만한 속도로 발전하는 기술 문명 가운데 우리는 무엇을 준비해야 할까? 앞으로는 아래와 같은 역량을 갖추는 것이 필수적이다.

지식과 정보 활용 능력: 인터넷과 디지털 기술은 엄청난 양의 정보에 쉽게 접근할 수 있는 기회를 제공한다. 이로 인해 지식과 정보를 찾아내고, 이해하고, 분석하며, 의미 있는 결론을 도출해 내는 능력이 중요하다.

지속적인 학습: 기술의 발전과 시대의 변화에 따라 지속적으로 새로운 지식과 기술을 배워야 한다. 평생 학습의 중요성이 강조되는 이유이기도 하다.

창의적 사고와 혁신: 새로운 정보와 기술을 기반으로 창의적인 아이디어를 제시하고, 그것을 혁신적인 방법으로 실행할 수 있는 능력이 요구된다.

협업과 소통: 다양한 배경과 전문성을 가진 사람들과 협업하며, 이들과 효과적으로 소통할 수 있는 능력이 중요하다. 글로벌화와 디지털화가 진행되는 현재, 다양한 문화와 관점을 이해하고 존중하는 역량도 필수적이다.

디지털 리터러시: 디지털 기술을 효과적으로 활용하고 이해하는 능력이 필수적이다. 디지털 환경에서 윤리적으로 행동할 수 있는 능력이 필요하다.

유연성과 적응력: 지식정보 사회는 지속적으로 변화하고 있다. 이런 환경에서는 변화에 유연하게 대응하고, 새로운 상황에 빠르게 적응할 수 있는 능력이 요구된다.

급변하는 시대 속에서 흔들림 없이 나를 지탱해 줄 역량을 키우는 것이 어느 때보다 중요하다. 4차 산업혁명이 불러온 초연결 시대에 걸맞는 인재는 더 이상 기존의 정답을 찾는 데 그쳐서는 안 된다. 정보의 연결과 확장으로 새롭게 정답을 만들어 낼 수 있어야 한다.

챗GPT의 등장이 바꿔 놓은 패러다임

4차 산업혁명 시대의 인재들은 기존에 없던 새로운 기술과 함께 살아가게 된다. 미래 인재들이 살아갈 세상에서는 교육의 변화가 필요한 것은 물론이고 가치 창출의 패러다임 자체가 달라질 것이다. 2022년 12월, 오픈AI에서 챗GPT라는 자연어 처리 언어 모델을 선보였다. 챗GPT는 방대한 데이터를 학습하여 사용자에게 필요한 답을 찾아 주며 단순한 검색을 넘어 새로운 텍스트를 생성하기도 한다.

물론 챗GPT 이전에도 인공지능이 놀라운 가능성을 선보인 사례들은 있었다. 대표적으로 2016년 3월, 딥마인드Deepmind의 알파고가 이세돌 9단을 누르고 승리했을 때는 전 세계가 큰 충격을 받았다. 처음으로 인공지능이 사람만큼, 혹은 그 이상의 능력을 보일 수 있다는 가능성을 엿본 것이다. 특히나 직관, 상상력, 추론 등이 결합된

바둑 종목에서 인공지능이 세계 최고의 선수를 이겼다는 것은 경이로운 일이었다. 다만 아무리 알파고가 대단하다고 한들 대중들에게 이는 특정한 조건 내의 이벤트였을 뿐, 일상에서 그 능력을 체감하긴 어려웠다.

하지만 챗GPT가 등장한 이후로 우리가 살고 있는 세상은 실제로 달라지고 있다. 오픈AI가 챗GPT를 출시한 2022년 11월 30일 이후 5일 만에 100만 명, 40일 만에 1000만 명, 2달 만에 1억 명의 사용자를 끌어모았다.[10] 스위스 최대 은행 유비에스에 따르면 챗GPT는 역사상 가장 빠르게 성장하고 있는 서비스라고 한다. 10대들이 가장 많이 쓰는 틱톡이 1억 명의 사용자를 모으는 데 9개월이 소요된 것과 비교해 봐도 엄청난 성장세다.[11] 우리나라에서도 국민 3명 중 1명이 챗GPT를 사용해 보았다고 한다. 이쯤 되면 빌 게이츠가 "인터넷만큼 중대한 발명"이라고 평가한 것도 과장은 아닌 듯하다.

일단 챗GPT는 기존에 우리가 사용하던 검색의 패러다임 자체를 뒤바꾸고 있다. 지금까지는 관심 있는 키워드를 검색 포털에 입력하여 나오는 정보를 사람이 일일이 추려야 했다면, 이제 챗GPT가 그 정보를 정제된 형태로 정리하여 답해 준다. 또한 브레인스토밍, 자료 조사, 개념 이해, 문장 작성도 더 수월하게 할 수 있게 되었다. 특히 코딩처럼 규칙이 명확한 작업의 경우에는 챗GPT의 활용이 더 효과적이다.

미국 구인 구직 플랫폼 글래스도어Glassdoor의 소셜 플랫폼 피쉬보울Fishbowl이 2023년 1월에 4500명을 대상으로 설문을 실시한 결과 30퍼센트의 응답자가 챗GPT 또는 다른 인공지능 프로그램을 사무실에서 사용하고 있다고 응답했다. 챗GPT는 아마존, 뱅크 오브 아메리카, JP모건, 구글 등 세계 최고의 인재들이 사용하는 사무실에 빠르게 침투하고 있다.[12]

아직까지 챗GPT가 지닌 한계도 명확하다. 사실인지 아닌지 확실하게 구분하지 못하는 부정확성이 가장 큰 문제이다. 또한 일반적인 사실이나 개념에 대한 검색 및 분석은 빠르게 수행할 수 있지만, 근본적으로 2021년까지의 정보만 학습한 모델이기 때문에 산업이나 시장별 최신 트렌드를 파악하기에는 적합하지 않다. 기존에 존재하는 텍스트를 적절한 형태로 조합하는 방식이기 때문에 완전히 창의적인 콘텐츠라고 보기에도 어렵다.

그럼에도 챗GPT는 앞으로 '데이터를 처리하고 가공하는 방식'을 송두리째 바꿀 것이라는 기대감을 불러일으키고 있다. 마치 아이폰의 등장이 무선 인터넷과 애플리케이션 사용을 확장시키며 컴퓨터 중심의 삶을 모바일 중심의 삶으로 변화시킨 것처럼, 챗GPT의 등장으로 정보를 수집하고 가공하는 '커뮤니케이션 혹은 지식생산의 자동화' 시대가 올 것이라는 기대가 고조되고 있다.

나아가 챗GPT는 한계를 극복하기 위해 계속해서 진보하고 있다. 2023년 3월, 오픈AI는 챗GPT 출시 후 약 3개월 만에 GPT-4를 출시하면서 외국어 성능을 강화하고 이미지 인식 기능을 추가했다. 실로 놀라운 속도라고 할 수 있다. 이전까지 인공지능은 이미지, 텍스트, 음성 등 한 가지 유형의 데이터를 학습해서 분류하고 예측하는 방식으로 개발되었다. 이미지는 이미지로, 텍스트는 텍스트로, 음성은 음성으로 학습된 것이다. 그러나 이제 인공지능은 텍스트, 이미지, 음성을 함께 읽고 그에 상응하는 결과물을 내어 놓는다. 인공지능 프로그래머 마케이 위글리Makay Wrigley가 GPT-4에 공책 스케치를 입력하자 GPT-4는 웹페이지를 만들어 주었다.

그동안 텍스트와 이미지 등 다양한 유형의 데이터를 동시에 처리하는 멀티모달Multimodal 기술은 인간 고유의 영역이라고 여겨졌다. 그러나 GPT-4의 등장으로 인공지능도 인간의 뇌가 정보를 처리하는 방식을 유사하게 흉내 낼 수 있다는 가능성이 현실화되고 있다. 이를 우리 삶에 적용하는 방식은 무궁무진해질 것이다.

예컨대 GPT-4는 수많은 이미지와 텍스트를 분석해서 엑스레이나 증상을 기반으로 질병 진단 및 치료에 사용될 수도 있다. 엑스$_x$(구 트위터)에서 'Cooper'라는 이름으로 활동하는 한 유저는 애완견이 수의사에게 진단을 받은 이후에도 상태가 호전되지 않자, GPT-4에게 애완견의 증상을 설명했고, GPT-4는 혈액 검사 결과를 바탕으로 기존 수의사와 다른 진단을 내렸다. Cooper는 다시 다른 동물병원을 찾아가 검사를 진행했다. 새로 받은 진단은 GPT-4가 내린 진단과 동일했다. 이는 인공지능의 도움으로 병을 찾은 하나의 사례로, 의료 진단 분야에서조차 인공지능이 의사의 진단 및 치료를 돕는 보조적인 역할을 하게 될 것이라고 전망할 수 있게 되었다.

사람의 고유한 영역이라고 여겨졌던 사고하는 능력을

기계가 수행할 수 있는 시대가 눈앞에 펼쳐졌다. 한계가 있다고 하지만 서비스 개발, 동영상 생성 및 편집, 글쓰기, 번역 작업에서 가장 기초적인 부분을 기술이 대신 할 수 있는 시대가 열렸다.

인공지능과 경쟁할 필요는 없다

2015년 교육부에서 초중고 수학 시간에 계산기를 사용하는 것을 허용하기로 했다. 계산보다는 수학의 개념과 원리를 학습하는 데 중점을 두고 계산기는 도구로써 활용하도록 하겠다는 취지였다. 미국이나 호주에서는 학생들의 계산기 사용이 자연스러운 일이지만 우리나라에서는 계산을 못하면 사고력이 떨어진다며 우려하는 목소리도 적지 않았다. 하지만 생각해 보면 우리는 이미 언제 어디서든 주머니 속에 계산기를 넣어 다니는 시대에 살고 있다. 우리에게 필요한 것은 스마트폰이 0.1초 만에 해 주는 사칙 연산이 아니라 수학적 사고를 배우고 확장해 가는 방법이다.

챗GPT는 더 나아가 계산기보다 전문가 수준의 전공 지식을 갖추고 있다. 실제로 권위 있는 대학원 수준의 시험을 통과할 정도다. 2023년 1월 〈CNN 비즈니스〉에 따르면 챗GPT는 미네소타대학교 법 전공 과목과 펜실베니아대학교 경영대 와튼스쿨 전공 과목 시험을 통과했다고 한다. 챗GPT는 4과목에 대해 객관식 95문제와 주관식 12문제를 풀었으며 블라인드로 치러진 시험에서 교수들은 C+의 점수를 주었다. 비슷한 방식으로 치러진 와튼스쿨의 시험에서 챗GPT는 B에서 B-의 점수를 받았다.[13] 우리나라에서 사교육을 얼마나 받아야 미네소타나 와튼스쿨에 입학할 수 있을까? 그런데 이미 챗GPT가 미국 최고 대학의 전공 시험을 통과할 정도에 수준에 이르러 있다는 것이다.

또한 GPT-4 기반의 인공지능은 상위 10퍼센트의 점수로 모의 변호사 시험을 통과하기도 했다.[14] 2명의 법학 교수와 법률 기술 회사인 케이스텍스트의 직원 2명이 실시한 실험에서 GPT-4는 변호사 시험을 치르고 297점을 받았다. 연구자에 따르면 인간 시험 응시자의 90번째 백분위 수에 해당했다고 한다. 이는 대부분의 미국 주에서 변호사 개업이 가능한 수준이다.[15]

이처럼 인공지능은 인간이 따라갈 수 없는 방대한 지식을 담고 있으며 정확한 데이터와 알고리즘만 있다면 그 대량의 정보를 인간보다 훨씬 빠르고 정확하게 처리할 수 있다. 이와 같은 강력한 생성형 인공지능은 인간이 해 오던 일부 작업들을 빠르게 대체하게 될 것이다.

골드만삭스 Goldman Sachs 경제학자들은 챗GPT와 같은 인공지능의 물결에 의해 전세계적으로 약 3억 개의 일자리가 자동화 될 것으로 예측한다.[16] 전 세계 작업의 18퍼센트가 전산화될 수 있으며, 3차 산업혁명으로 인해 대체되었던 블루칼라 노동자들보다 사무실에서 업무를 주로 하는 화이트칼라 노동자가 더 큰 영향을 받을 것이라고 한다. 또한 후진국보다는 지식 정보 산업이 발달한 선진국이 더 큰 영향을 받을 것이며, 이미 미국과 유럽 등 선진국에서는 3분의 2의 직업 영역이 AI 자동화에 노출되어 있다.

지식 정보 처리, 커뮤니케이션의 자동화는 지금까지 한 번도 일어나지 않았던 영역이다. 지식 정보 처리와 커뮤니케이션은 인간 고유의 영역으로 여겨졌고 공상 과학 영화에서나 등장할 법한 이야기라고 생각됐다. 그러나 챗GPT가 등장 이후로 이 모든 일이 빠른 시일 내 가능할 것이라는 예측이 가능해졌다.

지금까지 개발된 인공지능과 컴퓨터는 사람들이 프로그래밍 한 대로 업무를 수행하는 로봇 같은 느낌에 가까웠다. 그러나 생성형 인공지능의 등장 이래로 인공지능은 사람과 함께 생각하고, 글을 쓰고, 프로그래밍 하기 시작했다. 인공지능이 인공지능에게 일을 시키는 시대가 오고 있는 것이다. 지금까지 있었던 어떤 기술 혁명도, 대학 교육 이상을 수료한 화이트칼라 근로자를 위협한 적은 없었다. 그러나 생성형 인공지능이 등장한 이후 이전에는 높은 수준과 교육과 장기간의 직무 훈련이 필요했던 작업이 자동화될 조짐이 보이고 있다.

인간과 사물의 초연결을 넘어 인간의 지식 노동을 어느 정도 대체할 수 있다는 점에서 생성형 AI를 두고 제5차 산업혁명이라는 말까지 나오고 있다. 이러한 인공지능의 등장은 다소 비약하게 정리하자면 '한국형 인재의 종언'이라고도 할 수 있다. 암기를 잘하고 정답을 빠르게 찾는 한국형 인재는 이제 인공지능의 능력을 따라갈 수 없다. 엘리베이터가 등장한 이후 초고층 빌딩을 올라가는 데 20대와 70대의 신체 능력 차이가 무의미해진 것처럼, 누가 암기를 잘하는가, 누가 정답을 빨리 찾는가, 누가 더 많은 지식을 쌓고 빠르게 꺼내 쓸 수 있는가와 같은 질문은 이제 '변별력' 없는 질문이 되었다.

인간은 한 가지 분야에서 시험을 통과하여 전문가가 되기까지 상당한 비용과 시간을 투자해야 하지만, 방대한 양의 지식을 사전 학습한 인공지능은 초당 수백만 개의 문장을 처리하며 다양한 분야에서 새로운 지식을 생성할 수 있다. 다양한 분야의 지식을 암기한 전문가와 함께 일을 할 수 있는데, 우리가 오로지 지식만을 쌓는 데 열중할 필요가 있을까? 이제 인공지능이 잘하는 일을 두고 경쟁할 것이 아니라 인공지능을 이용하는 역량이 필요한 시대다.

새로운 인재상을 향한
교육계의 변화

새로운 기술은 계속해서 등장한다

지난 몇십 년 동안 기술의 급속한 발전과 이로 인한 사회적, 경제적 변화는 우리의 일상생활은 물론이고 업무 수행 방식, 교육 시스템 등 거의 모든 영역에 영향을 미치고 있다. 특히나 산업혁명과 함께해 온 기술의 발전을 넘어 인공지능과 같은 신기술의 등장은 그 어느 때보다 거대한 변화를 예고하고 있다. 그러나 챗GPT에게 기존의 일자리를 빼앗길 것을 두려워할 것이 아니라 챗GPT를 일의 능률과 역량을 높일 수 있는 하나의 도구로 활용할 수 있는 열린 사고력이 필요하다. 챗GPT는 미래 기술의 정점이 아니다. 앞으로 새로운 기술이 계속해서 나올 것이고 우리는 이를 받아들이고 내 편으로 만들 수 있는 능력을 갖추어야 한다.

인공지능과 같은 기술은 일부 영역에서는 인간을 완전히 대체하겠지만 인간의 노동력을 지원하는 형태로 생산성을 향상시킬 수도 있다. 이를테면 챗GPT는 강력한 언어 생성 기술을 가지고 있기 때문에 전문적으로 글을 쓰는 직업을 대체하거나 생산성의 향상을 지원할 수 있을 것이다. 예를 들어 초벌 번역이나 문서 초안 작성과 같이 단순하고 반복적인 글쓰기 작업은 챗GPT가 빠르고 효율적으로 수행할 수 있을 것이다.

2023년 3월 MIT 경제학 박사생 두 명은 챗GPT가 사무직 생산성에 미치는 영향에 대한 연구를 발표했다. 이 팀은 마케팅, 데이터 분석, 인사관리, 경영컨설팅 등 다양한 업종에 종사하는 444명의 대졸 사무직 직원들을 챗GPT를 쓰는 그룹과 쓰지 않는 그룹으로 나누어 다양한 글쓰기 업무를 수행하게 했다. 보도자료 작성, 보고서 작성, 분석 및 기획 문서 작성, 비즈니스 이메일 등 업무에서 할 만한 다양한 글쓰기 작업을 하게 하고 같은 직군에 종사하는 전문가들에게 두 그룹이 작성한 문서를 평가하도록 했다.[17]

챗GPT를 사용한 그룹은 37퍼센트 더 빠른 속도로 작업을 완료했다. 챗GPT가 먼저 작업하고 전문가가 문서를 개선하는 방식을 취할수록 문서 품질은 빠르게 상승했다. 즉 챗GPT를 쓴 사람들은 브레인스토밍과 초안 작성 과정에서 챗GPT를 사용함으로써 시간을 줄이고 문서를 고도화할 수 있다.

생성형 AI는 인간이 가진 역량을 뒷받침하는 데에 유용하게 쓰일 수 있다. 특히 생성형 AI는 기존 데이터를 기반으로 새로운 것을 만들어 내고 단계적으로 이를 발전시키고 수정할 수 있기 때문에 창작 영역에서도 보조적인 역할을 수행해 준다. 최근 한 예능 방송에서는 뮤지션이 챗GPT에게 창작에 대한 영감을 받는다고 말하면서 즉석에서 작사를 하는 모습이 나왔다. 그 뮤지션은 애니메이션 주제가를 만들 것이라고 상황 설정을 하고 '조금 더 구어적으로', '설명적이지 않게 더 시적으로 표현해 줘'라는 요구를 추가하며 가사를 수정해 나갔다.[18]

또한 생성형 AI는 복잡한 문제 해결에서도 유용하다. 생성형 AI를 활용하여 다양한 시나리오를 시뮬레이션 하거나, 새로운 해결책을 도출할 수 있다. 구글 딥마인드의 알파폴드는 단백질 구조에 대한 수많은 데이터를 바탕으로 AI가 단백질 구조를 예측할 수 있게 했다. 그 결과 인류의 오래된 난제를 해결하고 신약 개발 등 생명 공학 분야에 새로운 지평을 열었다. 이는 엄청난 양의 시나리오를 바탕으로 패턴을 분석할 수 있는 AI의 기술을 활용했기에 가능했다.

생성형 AI는 의사 결정 능력에도 도움을 줄 것이다. 다양한 데이터를 분석할 수 있는 생성형 AI를 활용하면 고객의 행동을 예측하거나 시장의 흐름을 파악할 수 있다. 물론 챗GPT의 등장이 지금 당장 인류의 삶 전반을 뒤바꾸거나 인간의 역량을 완전히 대체하지는 않겠지만, 우리는 생성형 AI를 이해하고 활용할 수 있는 능력을 갖추어야 한다. 또한 생성형 AI의 한계를 이해하고 보완할 수 있는 능력도 필요하다. 챗GPT는 마치 우리가 직장에서 신입 직원에게 일을 가르치듯이 결과물에 필요한 요구 사항을 구체적으로 제시할수록 더 좋은 답을 내놓는다. 챗GPT를 써봤는데 별로 대단치 않다고 생각하는 사람은 챗GPT를 제대로 활용할 수 있는 방법을 아직 모르고 있을 가능성이 높다.

뚜렷한 목적을 가지고 생성형 AI를 활용한다면 누구나 현대 사회에 필요한 여러 역량을 강화할 수 있다. 반대로 말하면 무비판적으로 활용하거나 아예 멀리하려고만 한다면 앞으로 성장에 이르기는 어려울 것이라는 뜻이기도 하다.

디지털 시대에 더욱 중요한 비판적 사고력

현 시대 아이들은 디지털 네이티브Digital Native로 불릴 정도로 디지털 기기의 활용에 이미 익숙하다. 그러나 디지털 기술을 익숙하게 받아들인다고 해서 잘 사용할 수 있다는 뜻은 아니다. 수많은 정보가 이미 인터넷에 존재하는 세상 그리고 인공지능이 그 정보를 큐레이션해 주는 세상에서 앞으로는 정보를 비판적으로 판단하고 정확하게 사용하는 능력이 무엇보다 필요하다. 특히 우리나라는 온라인상에서 사실과 의견을 식별할 줄 아는 능력,

그리고 이 능력을 키우기 위해 학교에서 교육을 받은 비율이 OECD 국가 중 최하위를 기록하고 있는 수준이다.

2021년 OECD에서 발표한 연구 자료에 의하면 우리나라 만 15살 학생들은 일반 메일과 피싱 메일(사기성 메일)을 식별하는 역량 평가에서 OECD 국가들 중 최하위를 기록했고, 주어진 문장에서 사실과 의견을 식별하는 능력 역시 최하위였다. '정보가 주관적이거나 편향적인지를 식별하는 방법에 대해 교육을 받았는가'를 묻는 조사에서도 한국은 평균 이하의 비율이 나타났다.[19] 그만큼 정보를 비판적으로 사고하는 능력이 약하다는 것이다.

이는 우리나라의 기존 교육 방식과도 관련이 있다. 우리나라의 교육은 주로 시험을 위한 것이고, 시험 문제는 주로 사지선다 내지는 오지선다로 구성된다. 그런데 사지선다형 문제는 학생이 암기한 지식을 측정하기 위한 것이며 정답 이외의 사고를 모두 차단하는 평가 방식이다. 사지선다형 문제에서는 가설을 설정할 필요가 없고, 다른 사람들이 제시하는 의견 중에서 답을 고르기만 하면 되기 때문이다. 이러한 평가 체계에서는 스스로 가설을 세우고, 질문하고, 근거에 대해서 생각하는 논리적 타당성을 측정할 수가 없다. 자신의 생각에 대해서 숙고할 기회 자체를 잃는 셈이다.

본인의 지식과 정보를 활용하여 질문과 가설을 만들고 그 답을 찾아가는 과정이 제한되는 교육 환경 속에서 학생들은 자연스럽게 '정답'을 찾는 일이 가장 중요하다고 생각하게 된다. 그러나 현실 세계에서 다섯 개의 선택지 중 하나를 고르는 방식으로 해결되는 문제는 거의 없다. 일상에서 우리는 다양한 가설을 세우고 검토하고 끊임없이 해결책을 세우고 수정하는 방식을 통해 문제를 해결해야 한다. 지금처럼 질문할 필요 없이 정답만을 고르는 교육이 변하지 않는다면, 아이들은 인공지능 시대에 경쟁력을 갖기 어려울 수밖에 없다.

이제 기존 교육 방식에 변화가 필요한 시점이라는 사실을 분명히 인지해야 한다. 아직도 많은 학생들이 시험을 잘 보는 것 외에 스스로 읽고, 나만의 관점을 확립하고, 문제를 숙고하여 판단 내리는 연습을 해야 하는 이유를 찾지 못하고 있다. 자신의 생각을 바탕으로 다른 사람을 설득해 보는 경험도 턱없이 부족하다. 제시된 선택지 내에서 정답을 찾는 훈련, 즉 주어진 텍스트 안에서 정보를 추출하는 것은 인공지능이 충분히 해낼 수 있다. 앞으로는 정답을 찾는 것이 아니라 비판적 사고력을 바탕으로 더 다양한 방식과 창의적인 방향으로 생각을 뻗어 나갈 수 있어야 한다.

그렇다면 미래 인재를 기르기 위한 교육은 어떻게 바뀌어야 할까? 비판적 사고력은 거창하게 들릴 수 있지만 애초에 인간이라면 누구나 갖추고 있는 고유의 능력이다. 다시 말해 숙련도나 익숙함에 차이가 있을 수는 있지만 모든 사람이 기본적으로 비판적인 사고를 할 수 있다는 뜻이다. 따라서 교육을 통해 얼마든지 향상시킬 수 있다. 선진국은 이미 십수 년 전부터 인공지능 시대에 대응할 수 있는 비판적 사고력과 비판적 문해력을 갖춘 인재를 양성하기 위한 교육 제도를 고민해 왔다.

OECD 회원국 대부분은 우리나라와 같이 표준화된 대입 시험 제도를 운영하고 있다. 그러나 객관식 시험을 통해 학생을 평가하는 곳은 우리나라를 비롯하여 미국, 스웨덴, 멕시코, 터키, 칠레 정도에 그치며 나머지 국가들은 서술 및 논술형 문제를 통해 학생을 선발한다.[20] 미국마저도 표준화된 대입 시험 SAT를 의무화하지 않는 대학이 거의 80퍼센트에 육박했다. 2022-2023 학년도 입시에서는 SAT 점수를 요구하지 않는 대학이 1800여 개에 달했다. 미국의 많은 대학들이 시험 성적보다는 고교 시절의 전반적인 학업 성취도와 다양한 활동을 기준으로 신입생을 선발한다는 것이다. 그런 의미에서 SAT는 당락을 결정하는 제도라기보다는 최소한의 학업 역량을 갖추었는지 판단하는 자격 고사에 가깝다.

한편 프랑스의 바칼로레아, 독일의 아비투어, 영국의 에이레벨, 일본의 대입공통시험 등은 모두 비판적 사고력을 평가하기 위한 서술 및 논술형 문제를 중심으로 구성된다. 바칼로레아는 생각하는 힘에 중점을 둔 시험으로 객관식 문제는 전혀 없이 4시간 동안 글을 쓰는 방식으로 진행한다. 심지어 수학시험도 서술형이며 채점자들은 문제의 답보다는 풀이 과정에 집중하여 평가한다. 독일의 아비투어 역시 문학, 역사, 사회과학, 철학 과목을 바탕으로 논술형 문항이 출제되며, 영국의 에이레벨도 주어진 지문을 확인하고 하나의 글을 쓰는 문제를 제시한다.

이러한 평가 방식의 가장 큰 차별점은 단 하나의 정답

이 없다는 점이다. 정답을 맞췄는지 아닌지 여부보다는 그 과정을 이끌어 가는 사고방식에 집중한다. 이제 우리나라도 객관식 시험에서 '킬러 문항'으로 변별력을 갖추려 하기보다는 정답을 찾는 과정에서 사고력이 어떻게 확장되는지 들여다보아야 할 것이다. 무엇보다 세상에 존재하지 않던 정답까지도 스스로 만들어 내는 인재를 위한 새로운 교육과 평가 방식이 필요하다.

'교사주도학습'에서 '자기주도학습'으로

시대의 흐름에 발맞추어 우리나라의 교육도 점차 변화를 꾀하려 하고 있다. 큰 틀에서 우리나라 교육과정의 흐름을 보면 정량평가에서 정성평가를 하는 방향으로 움직이고 있다. 다시 말해 다수의 학생을 하나의 기준으로 줄 세우는 정량 평가에서 개개인의 진로를 기반으로 활동을 정성적으로 평가하는 방식으로 바뀌고 있는 것이다.

93년 이전 본고사 시절에는 주로 암기식 시험이 이루어졌다. 그 뒤 수학 능력을 평가하는 수능이 도입되면서

부터는 응용문제 위주로 학생들의 학습 능력을 평가하기 시작했다. 그리고 2005년부터 대학에서 입학사정관을 두어 학생들의 고등학교에서의 활동을 중요시하는 입학사정관전형이 부분적으로 시행되었다. 이는 2009년에 45개 대학에서 입학사정관제를 두며 본격화되었고, 2011년부터는 모집 비중이 60퍼센트를 넘기게 되었다. 이후 2015년, 교육과정을 통해서 학생부종합전형이 시작되었고 교육 현장에서의 이슈나 정치적인 이슈 등을 거치며 계속해서 수정되어 왔다.

각자의 흥미와 적성을 개발하기 어려운 기존 교육으로는 4차 산업혁명 시대의 급격한 변화에 대응할 수 있는 창의적 인재를 양성하기 어렵다는 비판의 목소리가 커지면서, 우리나라 교육은 이제 2025년 고교학점제를 시작으로 변화를 모색하고 있다. 고교학점제는 '본인의 진로 개척에 필요한 역량을 갖추기 위해 주도적으로 학습하는 자율적인 인재'를 양성하는 것을 목표로 하는 교육개혁으로, 2025년부터 전면 시행될 예정이다. 학생이 각자 진로를 정하고, 진로에 맞는 수업을 선택하고 자기주도적으로 공부할 수 있도록 하여 창의적 인재를 양성하겠다는 취지다. 주입식, 암기식, 문제 풀이 위주로 정답을 찾는 입시 중심 교육에서 벗어나 불확실한 미래에 대비할 수 있는 창의성, 융합 능력, 문제 해결 능력, 의사소통 능력을 키우기 위한 새로운 시도라고도 할 수 있다.

고교학점제의 핵심은 과목 선택권을 확대하고 고등학교 수업 수강 방식이 대학교처럼 학점제로 바뀌는 것이다. 학생들은 진로 및 적성에 따라 자율적으로 과목을 선택하고, 자신이 신청한 수업을 듣게 된다. 원론적으로는 학생들이 원할 경우 근처 고등학교에서 열리는 수업을 들을 수도 있다. 즉 학생마다 다른 시간표로 수업을 듣게 되며, 자리에 앉아 출석 일수만 채우고 졸업하는 것이 아니라 대학처럼 학점을 취득해야 졸업을 할 수 있다.

따라서 이는 학생들의 수업 선택의 기준이 되는 진로 방향성이 더욱 중요해졌다는 뜻이기도 하다. 진로는 스스로 무엇을 좋아하고 잘하는지 알고 그것을 탐구하는 활동에서 출발한다. 다시 말해 고교학점제는 학생 개개인이 적극적으로 적성을 탐색하여 학습하고, 대학 진학까지 할 수 있도록 명확하게 정책화하겠다는 것이다.

고교학점제가 실행돼도 고등학교의 기본적인 역할은

지속된다. 성숙한 시민으로서 갖추어야 할 지식과 자질 개발, 기초적인 학업 역량의 증진을 염두에 두고 각 과목들을 공통, 일반 선택, 진로 선택, 융합 과목으로 세분화했다.

공통 과목은 모든 1학년이 수강하는 것으로 누구나 알아야 하는 기본 지식을 다루고 있다. '교과별 학문 영역 내 주요 학습 이해 및 탐구'를 위한 일반 선택 과목은 대학에서의 심화된 학업을 위해 배워 두어야 하는 내용이다. 여기에서는 과학1, 영어1 등 비교적 기초적이고 일반적인 수준의 내용을 다루는 경우가 많아 대부분의 과목이 수능 출제 범위에 포함된다. 진로 선택 과목은 말 그대로 진로를 위한 심화 학습 과목이다. 일반 선택 과목보다는 난이도가 있는 기하, 미적분, 물리 심화 등이 포함된다. 마지막으로 융합 선택 과목은 교과 내 혹은 교과 간 주제를 융합하는 과목이다. 실생활 체험 및 응용을 위한 과목으로, 상위권 대학들이 선호하는 내용을 제외하고 실생활 적용에 알맞은 내용들을 따로 추린 것인데 난이도는 그리 높지 않다.

고교학점제가 시행되면 학생들은 고등학교 1학년 때

공통 과목을 함께 듣고, 2학년 때부터는 일반 선택, 진로 선택, 융합 선택 과목을 자신의 진로 목표에 맞게 선택하고 수강하게 된다. 대학교에서 최하점으로 F학점이 있다면 고교학점제에서는 I학점이 있다. I학점은 출석률 2/3 이상, 학업 성취율 40퍼센트를 달성하지 못하면 받게 되는데, I학점을 받으면 미이수 상태가 된다. 미이수 학생은 방과 후 수업이나 보충 수업 등을 수강한 뒤 진급 혹은 졸업 자격을 취득해야 한다.

고교학점제가 전면 시행되는 2025년에 고등학교를 입학한 학생은 2028년도에 대학 입시를 치르게 된다. 고교학점제는 현재 5등급인 상대평가와 절대평가를 혼합하는 방식을 채택할 예정이었다. 이주호 사회부총리 겸 교육부 장관은 한 언론 인터뷰를 통해 "고교학점제에서 가장 중요한 것은 상대평가인 9등급제를 없애는 일"이라고 밝히기도 했다.[21] 이 말을 종합했을 때 고교학점제 시행은 학생들의 고유한 상황과 역량을 고려하는 선진 교육을 표방하는 방향성으로 보인다.

만약 교육부가 발표한 대로 절대평가 방식을 적용한다면 내신의 변별력은 크게 떨어질 것이다. 상대평가는 비교 집단 내에서 내가 얼마나 잘하는지를 평가하는 방식이지만, 절대평가는 다른 학생들의 성취와는 관계없이 나의 성취를 평가하는 방식이기 때문에 대학에서는 내신으로 학생의 학업 역량을 비교하기 어렵다. 이는 현재 내신 등급을 중심으로 진행되는 수시전형과 상충될 수밖에 없다.

내신의 변별력이 약화된다면 대학은 자연스럽게 수능에 초점을 맞추게 될까? 그런데 고교학점제의 핵심은 학생들의 과목 선택권 확대다. 대학에서 수능이 차지하는 비중이 증가한다면 학생들은 자연히 수능 출제 범위에 포함되는 과목 위주로 수강 신청을 하게 될 것이고, 이는 고교학점제의 취지가 무색해지는 결과를 낳게 된다.

지금 수능은 공통 과목 및 일반 선택 과목 범주 안에서 출제될 가능성이 가장 높아 보인다. 누구나 알아야 하는 공통 지식과 계열별로 필요한 지식을 폭넓게 다루는 과목이기 때문이다. 다양한 학생들이 여러 목적으로 수강하는 진로 선택 과목을 수능 출제 범위에 포함시키면 아무래도 수능 운영에 많은 혼란이 발생할 것이다.

다른 측면에서 수능의 '절대평가', '자격 고사화'를 요구하는 목소리도 끊이지 않고 있다. 수능 제도가 상대 평가를 고수한다면 학생들은 좋은 점수를 얻을 목적으로 응시 인원이 많은 과목에 몰릴 수밖에 없기 때문이다. 그래서 많은 전문가들은 수능이 대학의 당락을 결정하기 위해 학생들을 줄 세우는 시험이 아니라 대학 입학 후에 학업을 이어갈 수 있는 이른바 '수학 능력'을 평가하는 자격 고사의 역할을 해야 한다고 주장하고 있다.

고교학점제의 도입 이후, 애초의 취지를 존중하여 대입 전형 방식이 마련된다면 아마 다음의 세 가지 중 하나로 귀결되지 않을까 한다.

1안) 수능을 상대평가로 유지하고 정시는 수능 위주로 선발하되, 정시에 정성 평가를 도입하자.
2안) 수능을 절대평가화하여 수시와 정시를 통합하고, 수능을 자격 고사화하자.
3안) 대학에 자율성을 보장하자.

세 가지 시나리오에서 공통적인 요소는 무엇일까? 바로 정성평가 영역의 강화다. 현재의 '학생부 종합전형'과

같이 생활기록부를 기반하여 학생의 역량을 정성적으로 평가한다는 것이다. 그동안 숫자를 바탕으로 학생들을 줄 세우기하던 방식과 결별하고 학생이 가진 고유한 능력을 직접 들여다보는 방향으로 평가 방식은 바뀌게 될 것이다.

정성평가 도입에 따른 입시의 변화

각 대학에서는 발빠르게 정성평가의 도입을 준비하고 있다. 특히 서울대학교는 2023년도 입시 전형부터 정시에 정성평가를 20퍼센트 반영하겠다고 발표했다. 그래서 2023년부터는 정시 선발인원의 2배수를 수능으로 선발한 뒤 수능 80퍼센트, 교과 정성평가 20퍼센트의 평가 기준을 적용해 최종 합격자를 선발한다. 서울대학교의 발표는 상당히 의미 있다. 다른 대학 역시 서울대학교의 움직임을 따라가는 경향이 매우 강하기 때문이다.

경희대학교는 내신 등급을 기준으로 학생을 선발하는 학생부 교과에 정성평가를 30퍼센트 도입하기로 했다. 2023학년도 학생부 교과전형에서 학생부 교과·비교과(출결·봉사) 성적 70퍼센트에 교과 종합평가 30퍼센트를 합산해 총점 순으로 선발할 예정이다. 2022학년도 교과전형에서 이미 서류·교과 정성평가를 반영했던 고려대학교, 동국대학교, 성균관대학교는 2023학년에도 이를 유지한다. 건국대학교는 2022학년도 입시에서 교과 100퍼센트로 평가했지만 2023학년에는 교과 비중이 70퍼센트로 줄고, 서류 평가를 30퍼센트 반영한다. 앞으로 고교학점제 대입 전형이 구체적으로 어떻게 시행될지 장담할 수는 없지만, 내신과 수능의 절대평가 확대 및 생활기록부를 중심으로 한 정성평가 확대라는 방향성은 분명해 보인다.

특히 대학이 주목하는 정성평가 자료는 '세부능력 및 특기사항', 즉 '세특'이다. 고교학점제 시대에 세특은 학생의 역량을 평가하는 가장 중요한 자료가 된다. 세특은 수치화된 성적으로 드러나지 않는 학생의 우수성을 평가할 수 있는 중요한 항목으로 교과 담당 교사가 직접 문장 형태로 기록한다. 세특은 '교과 세특'과 '개인 세특'으로 나눌 수 있다. '교과 세특'은 3년간 총 40여 명의 과목별 교사가 학생당 500자 분량을, '개인 세특'은 담임교사가

학기당 학생별로 500자 분량을 작성한다. 이렇게 작성된 자료는 약 2만 3000자 분량으로서 중요 입시 자료로 활용할 수 있다.

그런데 현실적으로 소수의 교사가 가르치는 모든 학생들을 관찰하고 기억해서 개인별로 특색 있는 세특을 작성하는 것은 어려운 일이다. 따라서 세특에 참고할 만한 자료를 적극적으로 탐구하고 교사에게 제출하는 학생일수록 유리한 세특 자료를 확보할 가능성이 높다. 평소 주도적으로 각종 활동에 참여하며 자신이 활동한 내용을 잘 전달하는 것이 중요하다.

+ 세부능력 및 특기사항을 잘 준비하기 위한 팁

세부능력 및 특기사항(세특)을 잘 준비하기 위해 구체적으로 다음과 같은 활동을 해볼 수 있다.

첫째, 수업 시간에 적극적으로 참여하기

대학에서 세특을 통해 평가하는 주요 항목 중 하나는 학습 습관과 태도이다. 우리나라에서는 수업 시간에 적극적으로 참여하는 학생이 많지 않다. 따라서 능동적으로 질문하고 참여하는 태도를 보인다면 선생님이 기억하기 쉬울 뿐 아니라 고마움을 느낄 수 있다. 선생님들도 사람이기 때문에 열심히 고민하고 준비한 수업에 최선을 다해 귀 기울이고 학습하는 학생에게 높은 평가를 할 수밖에 없을 것이다. 이러한 인식을 남긴다면 세특에 학습 태도가 우수한 학생 혹은 학업 역량이 우수한 학생으로 기록될 수 있다.

예시)
- 2학기 적분과 통계 수업이 끝난 후 통계와 관련된 수준

높은 질문을 많이 받았고, 1학기 때 과제 연구 논문 대회에서 통계 관련 논문을 적어 장려상을 수상하는 등 평소 통계에 관심이 많은 학생임을 알 수 있었음.

- 1년 6개월 동안 수학을 가르치면서 변함없이 집중해서 수업을 듣는 모습을 볼 수 있었고, 가르치는 내용을 100퍼센트 흡수함. 수업 시간에 배운 내용을 활용하여 넓은 관점으로 바라보기 위한 노력이 인상적이었음.

둘째, 과목별 선생님에게 진로에 관련된 질문하기

수업 시간에 질문을 하거나 수행 평가를 하거나 수업을 통해 자신이 목표로 하는 학과와 연관된 내용이 있는지 선생님께 조언을 구하는 것도 좋은 방법이다. 예를 들어 '컴퓨터 프로그래머'가 되고 싶다면, 국어 선생님께 "선생님, 제가 컴퓨터 프로그래머가 되고 싶은데 국어 공부가 많이 중요할까요?" 혹은 "이번에 탐구 보고서를 작성하고 싶은데, 컴퓨터 프로그램과 국어 공부는 어떻게 연관을 지을 수 있을까요?"와 같은 질문을 해보는 것이 좋다. 이런 질문을 하다 보면 선생님들이 관련 내용을 찾아 도움을 주시는 경우도 있고, 이런 내용을 수행 평가

나 탐구 보고서에 반영해 남들과 차별화된 과제를 진행할 수도 있다. 더 나아가 평소에 선생님께 '프로그래머'가 되고 싶은 학생으로 기억되어 진로 활동과 연관된 세특 내용을 확보하는 데 도움이 될 수 있다.

예시)
- 지진의 크기를 표현할 때 사용하는 리히터 규모가 '어떤 수의 거듭제곱인 수를 그 지수만을 사용하여 나타내는 로그'임을 알고 자신의 꿈인 지질학자와 관계있는 학습 내용에 큰 관심을 보임.
- 방송 진행자라는 진로 목표를 바탕으로 토의, 토론, 면접 등 다양한 화법 활동에 적극적으로 참여함. 수업에서 다양한 화법의 원리를 익히고, 이를 실제로 수행하며 진로를 위한 역량을 기름.

셋째, 수행 평가 공략하기

세특은 수업시간에 선생님이 관찰한 내용을 바탕으로 기록된다. 많은 선생님들이 세특을 작성하기 위한 방법으로 수행 평가를 실시하는데, 모두의 세특을 작성해야 하는 선생님 입장에서 공통적인 수행 평가를 내주고 그 내용을 바탕으로 세특을 기록하는 것이 효율적이기 때문이다.

예시)
– 함수의 합성 이해하기 활동에서 학습한 내용을 벤다이어 그램으로 시각화하여 맵을 구성함. 합성 함수의 성립 조건과 그 성질을 서술한 후 일반적으로 교환 법칙이 성립하지 않는다는 사실을 놓치지 않고 강조함.
– 합성 함수 이해하기 활동에서 합성 기호와 합성 조건을 맵에 나타내었으며 합성 함수는 교환 법칙이 성립하지 않음을 중요하게 생각하여 노란색 테두리로 강조하는 과정에서 이해의 수준이 높아짐. 집합 관련 도서를 읽고 집합의 연산 중 교집합과 합집합이 대수학의 더하기, 곱하기와 비슷하다는 사실에 흥미를 보임.

이제는 진로 역량이 중요하다

대학이 학생을 평가하는 기준 가운데에는 '진로 역량'
이 있다. 진로 역량은 자신의 진로를 탐색하고 진로에 맞
는 학업 계획을 수립할 수 있는 힘을 말하며, 대학은 다
음과 같은 기준으로 학생의 진로 역량을 판단한다.

전공(계열)과 관련 과목 선택의 적절성과 이수 과목 수

교과목 학습 단계(위계)에 따른 선택 과목(일반/진로) 이수 여부

전공(계열)과 관련된 과목을 이수하기 위한 추가 노력(예: 공동 교
육 과정, 온라인 수업, 소인수 과목 등)

고교학점제가 시행되면 앞으로 폭넓게 진로를 탐색하
고 고등학교 교육과정 내에서 학습할 수 있는 진로 관련
지식을 충분히 학습한 학생이 목표하는 대학 진학에 성
공할 가능성이 높다. 서울대학교 입학본부 관계자는 "앞
으로의 평가는 교육 과정에 중점을 두게 될 것이다. 교
육과정이 잘 개설되는 것과 학생들이 그 안에서 얼마나
도전적으로 과목을 선택해 공부하느냐가 중요하다."라
고 말했다.[22] 또한 "대학의 특정 모집 단위에서 공부하기
위해서는 고교 보통 교과 안에서 이만큼은 공부해야 한

다는 것이다. 권장 과목에 전문 교과는 없다. 기본 교과를 충실히 이수하고 진로 선택의 범위에서 대학 공부에 필요한 과목 이수를 기대한다는 의미다. 과목 간의 위계는 지키는 것이 좋고, 소수 선택으로 인한 등급의 불이익을 걱정하기보다는 적극적으로 도전의 기회를 찾기 바란다."라고 당부했다.

대학들은 눈앞의 성과를 좇으며 정답을 찾으려는 인재가 아니라 현재 설정한 목표를 이루기 위해 적극적으로 도전하는 인재를 선호하고 있다. 자신만의 목표를 세우고 시간표를 설계한 학생, 그에 따라 주체적으로 수업에 임하는 학생일수록 입시에 유리할 것이다. 반면 입시에만 집중하여 고득점에 유리할 것 같은 과목만 듣는 학생은 오히려 입시에 불이익을 받을 수 있다. 자기만의 목표와 주관을 담은 자기 이야기가 빠져 있기 때문이다.

지금까지의 교육과정에서 입시와 진로는 분리된 개념이었다. 일부 학과를 제외하고는 본인의 진로와 관계없이 대학의 평판만을 고려해 지원하는 경우가 많았다. 그러나 이제 고교학점제가 전면 시행되면 입시와 진로는 긴밀한 관계를 갖게 될 것이다. 입시를 잘하기 위해서는 진로에 대한 고민을 충분히 하고 관련 내용을 구성해자신의 진로에 대해 설득력 있게 주장해야 한다. 자신의 적성과 흥미를 파악하고 이에 부합하는 직업을 선택하는 과정을 '진로 주장'이라고 한다면, 이에 대해 고등학교 시절의 전반적인 학업 경험과 다양한 활동으로 그 진로에 관심이 있다는 것을 '진로 근거'로 표현해야 한다.

앞으로는 입시에서도 비판적 사고, 비판적 문해력을 갖춘 학생일수록 유리할 것이다. 자신을 이해하고, 직업을 탐색하고, 직업과 연계된 학과를 분석하고, 그 학과에서 요구하는 학업 역량 기준을 맞추는 활동은 비판적 사고와 문해력 없이는 불가능하기 때문이다. 특히 고교학점제에서는 고려해야 할 변수가 많으므로, 진로 주장과 진로 근거의 연계에 대해서 끊임없이 생각해야 한다. 예컨대 대학 및 학과가 요구하는 사항들을 전략적으로 파악하고, 시간표를 위계에 맞게 구성해야 한다. 희망 전공과의 연계성을 고려하며 성실하게 순차적으로 과목을 수강한 학생과 그렇지 않은 학생의 '진로 근거'는 다르게 평가될 것이기 때문이다.

2025년 고교학점제 시행을 앞두고 대입과 관련해 다

양한 논의들이 일어나고 있다. 낮은 수준에서는 본인의 진로 주장과 근거가 잘 드러나는 생활기록부 기반 정성평가부터, 높은 수준으로는 프랑스의 바칼로레아와 같은 논술형 대입고사까지 다양한 층위의 제안들이 나왔다. 분명한 건 앞으로 대입 전형에서는 객관식 시험의 역할이 감소하는 한편 서술형 시험은 확대되는 정책 기조가 이어질 것이라는 점이다. 챗GPT 도입으로 말미암아 인공지능 시대 산업이 요구하는 인재는 결국 비판적 문해력을 갖춘 학생이라는 사실을 잊어서는 안 된다.

+ 교육 전반에 일어나는 변화 양상의 현황

고교학점제 도입과 함께 '서술형 혹은 논술형 수능'에 대한 논의 역시 활발하게 이루어지고 있다. 이미 교육부는 2021년 4월 '2022 개정 교육과정 추진 계획'을 밝히며 2024년에 발표하는 2028년 대입 전형부터는 논술·서술형 시험 도입을 검토하겠다 발표한 바 있다.

2022년 12월, 이배용 국가교육위원회 위원장은 한 언론과의 인터뷰에서 "생각하는 힘을 키워 주고 창의력·문제 해결력을 높이는 교육을 위해선 주입식 교육이 아닌 토론 수업이 필요하고, 그 교육과정을 평가하기 위해선 논술·서술형 평가 방식 도입을 고민할 때"라고 밝히기도 했다. 국가교육위원회는 우리나라 교육의 비전과 중장기 정책 방향을 고민하는 대통령 소속 기관으로 국가교육위원회가 국가교육과정의 기준과 내용을 정하면 교육부가 후속 지원 업무를 수행하는 역할을 하기 때문에 수능에 대한 이 위원장의 의견은 상당한 무게감을 가진다.

또한 2023년 2월 이주호 교육부 장관은 '디지털 기반 교육혁신 방안'을 발표했다. 이 방안은 인공지능 기반의

에듀테크를 학교 현장에 도입하여 학생별로 맞춤형 수업을 구현하고, 학생의 인성, 창의성, 비판적 사고력을 기르는 교육 환경을 구축하겠다는 의미다. 구체적으로는 2025년부터 수학, 영어, 정보 3개 교과에 AI 기반 디지털 교과서를 도입할 예정이며, 2028년에는 AI 기반 디지털 교과서로의 전면 전환을 검토하고 있다.

AI기반 디지털 교과서가 도입되면 똑같은 내용과 난이도의 문제를 모든 학생들에게 제공했던 기존의 수업에 변화가 생길 것이다. 이를 통해 개별 평가 진단을 통한 수준별 맞춤 학습이 가능해지고, 교사들은 학생과의 관계에 집중하면서 인성, 창의성, 비판적 사고력 등을 갖춘 인재를 양성할 수 있다.

교육부는 AI 기반 디지털 교과서가 도입되면 지식은 디지털 교과서를 통해 미리 학습하고, 수업은 강의가 아닌 토론과 프로젝트 형식으로 바뀔 것이라는 입장이다. 학생별로 맞춤형 수업이 이루어지면 지금의 중간고사, 기말고사와 같은 '총괄평가'가 아닌 시험을 보는 시기와 문제가 개인의 학습 과정별로 다른 '과정평가'를 시도해 볼 수 있다. 이러한 변화가 가능하다면 기존의 '내신'이라는 평가 패러다임의 대대적인 변혁까지 이어질 수 있을 것이다.

2028년 전면 도입으로 인해 학교가 '수능형 문제풀이'와는 관계없는 토론식 프로젝트형 수업으로 이루어진다면 자연스럽게 학생의 학업 능력 평가 방식 및 대입 시험 역시 토론식 논술형 시험으로 변경될 가능성이 높다. 수업 운영 방식과 학생 평가 방식이 유기적으로 이어지지 않는다면, 현장 혼란이 가중되고 사교육 시장이 지나치게 확대될 것이기 때문이다.

미래 교육이 길러 내야 하는 인재

앞으로의 교육은 기존의 암기식, 주입식을 벗어나 완전히 새로운 목표를 지향해야 한다. 단순히 지식을 습득하는 것이 아니라 빠르게 변화하는 사회와 기술 환경에 대응하고 복잡한 문제를 해결할 수 있는 자질, 능력, 태도 등을 포함한 역량을 길러야 한다. 교육의 평가 방식이 정량평가에서 정성평가로 바뀌는 배경에는 포괄적으로 아래와 같은 역량을 높게 평가할 것이라는 전제가 깔려 있다.

비판적 사고, 창의력, 다양한 문제 해결 능력

최근 사회적 변화나 기술 발전의 양상을 살펴보면 크게 세 가지의 특징이 드러난다. 첫째, 디지털 혁명과 인터넷의 발달로 정보 접근성이 크게 향상되었다. 과거에는 정보를 얻기 위해서 도서관에 방문하거나 전문가와의 만남이 필요했지만 이제는 인터넷을 통해 언제 어디서나 다양한 정보에 쉽게 접근할 수 있게 되었다. 이는 학습 방식뿐 아니라 일상생활에서도 정보를 소비하고 활용하는 방식을 근본적으로 변화시켰다.

둘째, 인공지능과 기계 학습의 발전이 두드러지고 있다. 예를 들어, 의료 분야에서는 환자의 데이터를 분석하여 진단을 보조하고 개개인에 맞춘 치료 방안을 제안하는 데 AI를 사용하고 있다. 또한 자율 주행 자동차, 스마트 홈 기기 등 일상생활에서 AI의 적용도 점점 확대되는 추세다. 이러한 기술의 발전은 업무 방식과 직업 구조에 큰 변화를 가져오고 있으며, 새로운 기술을 빠르게 습득하고 적용할 수 있는 능력이 필요하다는 뜻이기도 하다.

셋째, 소셜 미디어와 모바일 기술의 발전은 커뮤니케이션 방식과 사회적 상호 작용을 변화시켰다. 소비자가 일방적으로 기존 미디어 매체를 통해 정보를 받아들이는 방식이었다면 이제 뉴 미디어의 발달로 정보 생산이 쌍방향으로 오간다. 소셜 미디어는 사람들이 전 세계 어디서나 서로 소통하고 정보를 공유할 수 있는 플랫폼을 제공하고 있다. 이는 개인적인 관계뿐만 아니라, 마케팅, 정치 캠페인, 사회 운동 등 다양한 분야에 영향을 미친다. 이러한 기술은 사회적 네트워크의 확장과 정보의 신속한 전파를 가능하게 하지만 정보의 정확성이 떨어질 수 있다는 문제도 존재한다. 따라서 소셜 미디어 속 정보를 무조건 수용하기보다는 비판적으로 바라보고 이를 주도적으로 활용할 수 있는 능력이 중요해지고 있다.

시대적 변화는 개인과 조직에 새로운 기회와 도전을 제공한다. 개인들은 새로운 기술을 배우고 적응하는 능력을 갖추어야 하며, 조직은 기술 변화에 유연하게 대응하고 혁신을 추구해야 한다. 이처럼 빠르게 변화하는 사회 및 기술 환경은 지속적인 학습, 적응력, 창의적 문제 해결 능력을 요구하는 새로운 교육 및 업무 환경을 만들고 있다.

수많은 정보 속에서 필요한 정보를 구분하는 능력

정보가 쏟아지는 시대에서는 접할 수 있는 정보가 많을수록 중요하고 필요한 정보를 구분하는 능력이 필수이다. 인터넷과 소셜 미디어의 발전으로 정보 접근성이 크게 증가했으나 검증되지 않은 정보, 편향된 뉴스, 가짜 뉴스 등이 빠르게 퍼질 수도 있다. 소셜 미디어에서 가짜 뉴스가 실제 뉴스보다 빠르게 확산되는 현상이 지속되면 개인이 정보를 비판적으로 분석하고 판단하는 능력이 더욱 필요해질 것이다.

또한 디지털 광고와 온라인 마케팅 전략은 소비자의

선택과 결정에 큰 영향을 미친다. 예를 들어 특정 제품이나 서비스에 대한 온라인 리뷰와 평점은 구매 결정에 중요한 요소가 될 수 있다. 하지만 이러한 정보가 항상 객관적이거나 진실된 것은 아닐 수 있기 때문에 소비자는 정보의 출처와 신뢰성을 검토하는 능력이 필요하다.

대량의 데이터와 정보가 넘쳐나는 현대 사회에서 정보 과부하 현상이 발생할 수도 있다. 따라서 업무나 학습 과정에서 다양한 데이터와 보고서, 연구 자료 등을 접할 때 이 모든 정보를 효과적으로 처리하고 중요한 정보를 식별하는 능력이 중요하다. 정보 과부하 상황에서는 핵심적인 정보를 추출하고, 불필요한 정보를 걸러 내는 판단력이 필수적이다.

기존의 사고 틀을 넘어 새롭게 사고하는 능력

앞으로는 표준화된 방식이나 기존의 해결책에 의존하지 않고, 새롭고 창의적인 방법으로 문제를 해결하는 능력이 필요하다. 이는 기존의 사고 틀을 넘어 새로운 아이디어와 방법론을 적용하며 때로는 전혀 예상치 못한 방식으로 문제에 접근하는 것을 포함한다.

2007년 1월 9일, 애플의 스티브 잡스는 역사에 남을 만한 연설을 했다.

"1984년에 우리는 맥킨토시를 출시했습니다. 이것은 애플뿐만 아니라 전체 컴퓨터 산업을 바꿨습니다. 2001년에는 최초의 아이팟을 출시했습니다. 이 제품들을 출시한 후 우리는 음악을 듣는 방식뿐만 아니라 전체 음악 산업을 변화시켰습니다. 오늘, 우리는 이와 같은 혁신적인 세 가지 제품을 소개합니다. 첫 번째는 터치 컨트롤을 갖춘 와이드 스크린 아이팟입니다. 두 번째는 혁신적인 모바일 폰입니다. 세 번째는 브레이크스루 인터넷 통신 장치입니다……. 이것은 별개의 기기가 아니라 하나의 기기입니다. 이것은 바로 아이폰입니다."

애플의 아이폰은 전통적인 휴대폰과 다른 개념을 도입하면서 시장에 혁신을 가져왔다. 개인용 컴퓨터와 인터넷이 사람들이 정보를 처리하고 저장하는 능력을 비약적으로 증가시켰다면 아이폰은 사람들이 정보를 처리하고 저장하고 생성하는 방식 자체를 바꿔 버렸다. 아이폰으로 인해 지식 정보 사회가 모바일화되면서 모든 지식 정보가 손바닥 안으로 들어오기 시작했고, 사람들은 24시간 네트워크에 연결할 수 있게 되었다. 아이폰은 기존 휴대폰의 개념을 완전히 재해석했으며, 이로 인해 스마트폰 시장의 패러다임을 변화시켰다.

최근에는 애플에서 헤드셋 '비전 프로'를 공개하기도 했다. 비전 프로는 별도의 컨트롤러 없이 눈앞에 스크린을 띄워 현실 속에서 가상의 컴퓨터를 조작한다. 이에 대해 팀 쿡Tim Cook은 '비전 프로는 공간 컴퓨팅 시대를 열 것'이라고 선언했다. 일부에서는 이러한 기술이 실효성이 있을지 의문을 품기도 하지만 새로운 아이디어가 언제나 근사해 보이는 것은 아니다. 기존에 모두가 가는 길과 다른 길을 걸었을 때 당연히 실패는 존재할 수 있으나 결국 세상을 바꾸는 것은 틀을 깨고 나온 아이디어들이다.

앞으로 다양한 사회 문제를 해결할 때 창의적 접근이 중요할 것이다. 예를 들어 전세계적 물 부족 문제에 대응하기 위해, 일부 개발도상국에서는 안개를 수집하여 식수로 변환하는 기술을 개발했다. 이러한 방법은 전통적인 수자원 확보 방법과는 다르지만 효과적인 대안적 해결책 하나를 제시한 사례다.

이를 위해 교육 분야에서도 창의적인 학습 방법론을 제안하고 있다. 전통적인 강의식 교육 대신 프로젝트 기반 학습Project-Based Learning을 통해 학생들이 실제 세계의 문제를 해결하며 학습하도록 하는 것이다. 지역 사회의 환경 문제를 해결하기 위한 프로젝트를 수행하면서 과학, 기술, 공학, 수학STEM 분야의 지식을 통합적으로 학습할 수 있는 방법이다.

새롭고 창의적인 방식의 문제 해결은 단순히 어떤 문제를 푸는 것을 넘어 새로운 관점과 접근 방법으로 혁신을 창출할 수 있다는 것을 보여 준다. 이는 도전과 변화에 대응하는 데 필수적인 역량이며 앞으로 개인과 조직이 지속적으로 성장하고 발전하는 데 중요한 역할을 할 것이다.

주체적인 진로 탐색을 위한 첫걸음

진로 탐색이 더욱 중요해진 이유

청소년들은 구체적으로 어떻게 진로 탐색을 해야 할까? 적어도 기존의 방법을 답습해서는 안 되며 그럴 수도 없는 시대라는 것은 분명하다. 현재 부모님 시대와 그이전 세대까지는 개인의 적성과 능력을 반영하는 진로보다 먹고사는 현실에 더욱 급급했다. 스스로 무엇을 좋아하고 잘하는지 고민하기보다는 돈을 벌 수 있는 길을 택해야 했다. 그러다 보니 조금 더 편하게 많은 돈을 벌 수 있는 길이 진로 고민의 핵심이었던 셈이다.

하지만 이제 대학이 삶의 풍요로움을 보장해 주던 시대는 저물고 있다. 이전 세대까지 비교적 안정적이고 부유한 삶을 살 수 있는 성공은 대학에 달려 있다고 믿었다. 적성을 고려하기보다 일단 SKY 대학에 가는 것이 중요했고 지금은 전국에서 6000명가량을 뽑는 의대, 치대, 한의대, 약대, 수의대로 그 범위는 더 좁혀졌다. 아직까지도 학벌이나 특정 학과가 중요하다고 생각하는 인식은 쉽게 바뀌지 않고 있다. 진로 탐색이 중요하다고 강조하면서도 돈을 잘 벌고 명예가 있는 직업이 중요하다는 사회 분위기가 보다 자유롭고 적극적인 진로 탐색의 걸림돌이 되고 있는 셈이다.

기존 교육 시스템에서 우리나라 학생들은 적극적으로 진로를 탐색하기 어렵다. 진로에 대한 고민이나 탐구를 하고 싶어도 어지간한 배짱이 없으면 대입에 필요한 국영수 공부에 집중해야 한다. 설령 진로에 도움이 된다고 한들 대입에 도움이 되는 공부에서 조금이라도 벗어나면 또래 친구들에게 뒤처질 것 같은 불안감이 찾아온다.

학생들을 평가하는 분위기 또한 진로 결정을 주저하게 하는 요소다. 기존 교육 시스템 내에서는 낯설지만 호기심이 가는 분야를 탐구하고 고민해 보는 것은 성적과 입시에 긍정적인 영향을 주지 않았다. 대입 때문에 상대평가 위주로 짜인 교육과정에서는 오히려 학업을 방해하는 요소로 여겨지기 일쑤다. 아무리 구체적인 경험과 그 분야에 대한 실력이 있다고 하더라도, 국영수의 성적이 좋지 않으면 좋은 대학교 입학을 하기가 쉽지 않다.

무엇보다 진로에 대해 진지하게 고민하고 싶어도 탐색할 수 있는 정보가 아주 제한되어 있다. 그나마 접할 수 있는 정보는 주로 커리어넷 같은 공공 서비스를 통해 제공된다. 정부에서는 5년에 1번씩 시행하는 인구 주택 총조사 기준으로 직업 정보를 구체적으로 정리하여 온라인 서비스로 제공한다. 하지만 서비스의 UI나 내용이 어렵고 직관적이지 않아 실제 진로 탐색을 해야 하는 청소년들이 호기심을 가지고 탐구하기에는 충분하지 않다.

여러 어려움이 있다고 해도 청소년들에게 있어 진로 탐색의 중요성은 더 이상 무시할 수 없다. 특히 앞서 언급했듯이 이제는 SKY와 같은 명문 대학의 간판만으로 취업하여 먹고 사는 일은 어려워지고 있기 때문이다.

이전의 공개 채용 제도 안에서는 대부분 기업이 성실한 사람을 채용했다. 예를 들어 고등학교 때 착실히 공부해 좋은 대학교에 입학한 사람, 대학을 성실하게 다녀 학점과 외국어 점수가 높은 사람, 그리고 기존 규범에 잘 적응할 수 있는 사람을 직원으로 채용했다. 특히 1970년 이후 산업이 고도화되며 재벌들이 수평적, 수직적 다각화를 이루는 과정에서는 '일을 가르칠 만한' 신입 사원을 일단 뽑아 놓고 사업이 다양한 방향으로 변화할 때마다 가르쳐 업무를 진행하는 방식이 더 효율적이었을 것이다. 대기업들은 우수한 대학 인재들을 뽑아 가기 위해 경쟁했고 1970년에서 1977년까지 7년간 대기업 초임이 약 5배나 성장하기도 했다. 이런 배경 속에서 인재를 선점하고 채용 절차를 간소화하기 위해 그룹사 단위의 공채가 한국의 독특한 채용 문화로 자리 잡게 되었다.

하지만 기술이 발전하고 기업들도 경쟁이 심해지면서 점차 채용 후 바로 업무에 투입할 수 있는 직원을 찾기 시작했다. 거의 모든 기업이 학벌, 학점, 토익 점수보다 채용하고자 하는 직군에 대한 이해, 경험, 지식 등을 훨씬 중요하게 보는 수시 채용 제도를 도입했다. 삼성도 공개 채용이 한창일 때는 지원서, SAT, 실무 면접, 임원 면접의 순서로 몇천 명의 직원을 한 번에 채용했지만 요즘은 직무별로 사람을 뽑는다. 즉 50여 개의 직무별 내용을 알려 주면서 이에 적합한 직원을 채용하는 것이다.

그 탓에 모든 회사에서 신입이 아니라 경력자를 뽑으려고 하여 취업의 문이 더욱 좁아진다는 불평도 나오고 있다. 하지만 이런 채용 방식의 변화는 무작정 경력직이 아니면 취업하기 어렵다는 것이 핵심이 아니다. 기업에서는 생산성을 빠르게 높이기 위해 바로 실무에 투입할 수 있을 만큼 해당 직무를 충분히 수행할 수 있는 역량을 갖춘 인재를 찾는다는 점에 주목해야 한다.

모두가 '의치한약수(의대·치대·한의대·약대·수의대)'에 갈 수는 없다. 또 사회적으로 번듯한 직업을 갖는다고 해서 직업 만족도가 높아지고 행복해지는 것도 아니다. 명문대나 대기업의 간판을 좇는 것이 아니라 어떤 직무를 통해 가치를 생산하고 어떤 '직업'을 가질 것인지 고민할 필요가 있다. 따라서 어려서부터 스스로 진로 계획을 세우고, 다양하고 구체적인 경험을 통해 잘할 수 있는 일을 찾아 나가는 것이 앞으로의 진로 탐색에 있어서 가장 핵심이 될 것이다.

관심 없는 대학 전공보다 중요한 것

청소년들이 진로를 탐색해 나갈 수 있는 방법은 다양하다. 우선 가장 좋은 방법은 많은 경험을 해 보는 것이다. 물론 직접 경험해 볼 수 있으면 좋겠지만 지금은 간접 경험을 할 수 있는 글이나 영상 콘텐츠가 넘쳐난다. 독서, 영화, 유튜브는 물론이고 여러 체험 활동이나 여행을 통해서도 자신이 관심과 흥미 있는 분야를 체감하고 탐색할 수 있다. 더 나아가 직업 관련 콘텐츠를 통해 필요한 학습 분야나 수업 등 다각도의 관점에서도 해당 직업을 간접 경험해 보고 직접 몸담고 싶은 산업을 택할 수 있다.

다양한 진로 검사를 이용해 보는 것도 도움이 된다. 검사를 통해 학생 스스로의 선호나 역량을 기준으로 잘할 수 있는 직업과 학과를 추천받을 수 있기 때문이다. 다만 단 한 번의 검사가 정답이라고 생각하지는 않기를 바란다. 학생의 선호는 다양한 변수로 바뀔 수 있기 때문이다. 검사 결과에 나온 학과나 직업에 대해 탐구하고 경험하면서 1년에 2-3번씩 검사를 해보며 자신의 관심사가 어떻게 바뀌고 있는지 탐색해 보는 것도 좋을 것이다.

만약 산업과 직업에 대해 고민하는 것이 어렵다면 일단 전문성을 갖출 수 있는 소프트웨어 사용법을 배워 보는 것에서 시작하길 권한다. 어떤 직업을 갖든지 아마 대부분은 다양한 소프트웨어를 사용하게 될 것이므로 발빠르게 직접 미래에 쓰일 기술을 활용하며 경험을 쌓는 것이다. 보통은 주로 취업을 준비하는 시점에 관련 기술을 갖기 위해서 처음 접하고 공부하는 경우가 많은데, 이를 중고등학교 시절부터 미리 접해 두면 특정 소프트웨어를 주로 사용하는 직군에 대한 간접적인 진로 체험이 될 수 있다.

최근 챗GPT가 코딩, 디자인, 글감 리서치 등을 대신해 주는 업무 형태가 등장할 것이라는 전망이 나오고 있다. 기존 세대가 새로운 것을 학습하기 주저하는 동안 청소년들은 이를 더 빠르게 적용해 볼 수 있을 것이다. 숙제나 탐구 활동을 수행할 때 챗GPT의 활용법을 익히는 것은 전문성을 쌓고 미래 직업을 체험해 보는 하나의 방법이 될 수 있다. 틈틈이 유튜브를 통해 포토샵이나 피그마를 할 수 있는 디자인 툴을 배워도 좋고, 코딩을 하고 싶으면 코딩 교육 영상을 보며 스스로 학습할 수도 있다. 최근 몇 년 사이에 학교에도 디지털 기기가 많이 보급되었기 때문에 의지만 있다면 스스로 배우는 것은 그리 어렵지 않다. 다양한 교육 기관, 온라인 플랫폼, 오픈 소스 등을 활용해 어렵지 않게 각종 기술을 접하고 배울 수 있을 것이다.

특히 스킬셋skill set이 명확한 직군은 여전히 채용 시장에서 각광 받는다. 디지털 기술의 발달과 스타트업, AI 붐을 타고 더 많은 개발자가 필요한 시대다. 직접 개발자가 되지 않는다고 해도 실제로 소프트웨어를 사용하고 적절한 수준의 서비스를 개발했던 경험이 있다면 미래 산업과 비즈니스를 이해하는 데에도 중요한 밑거름이 된다. 챗GPT와 같은 생성형 AI가 코딩을 대신할 수 있다고 해도 여전히 코딩을 배우는 것은 유의미한 일이다. 코딩을 배운 인재는 생성형 AI의 한계를 이해하고 보완할수 있기 때문이다. 생성형 AI는 창의적인 아이디어를 도출하거나 복잡한 문제 해결에는 어려움을 겪을 수 있다. 이럴 때 코딩을 통해 직접 문제를 해결하는 경험이 필요하다. 또한 컴퓨터 언어를 배우는 코딩 학습을 통해 미래기술을 이해하고 활용하는 기반을 마련할 수도 있다. 인공지능에게 적절한 질문을 던지는 것은 사람의 몫이며, 적절한 질문을 구성하는 데 있어 이러한 지식은 큰 도움이 될 것이다.

새로운 기술의 등장은 산업을 혁신하고, 구인 구직 시장에서 요구하는 스킬셋을 바꾸어 놓는다. 이 스킬셋은 주로 대학교 학과 교육을 통해 요구된다. 과거의 대학 공부는 학과 본질에 집중되어 있었고, 각 전공의 핵심 내용을 탐구하거나 학습하는 능력을 중요시했다. 취업에 필요한 실질적인 소프트웨어 툴을 다루는 것은 개인적인 학습에 가까웠다. 하지만 취업 시장이 학벌이나 학점을 보던 공개 채용에서 실제 실무 역량을 요구하는 수시 채용으로 바뀌고 있다. 기업은 이 변화의 기간 동안 보수적으로 채용할 수밖에 없으므로 신입사원 채용 인원도 대폭 감소했다. 앞으로는 자신이 선택한 진로에 대한 이해와 전문성을 갖추지 않으면 대학만 나왔다고 해서 전공과 상관없는 직종에 취업하여 그럭저럭 일할 수 있는 기회는 점점 줄어들 것이다.

직접 시도해 보는 것만큼 좋은 경험은 없다. 어려서부터 호기심이 가는 분야를 찾고 접하면서 하나하나 시행착오를 겪다 보면 그 경험이 쌓여 소위 말하는 전문성이 된다. 물론 구체적인 기술이나 함양해야 하는 능력은 트렌드와 같이 계속해서 바뀐다. 하지만 개개인이 흥미를 가지고 수년간 쌓아 온 산업에 대한 이해와 정보는 트렌드가 바뀐다 하더라도 지속된다. 따라서 단순히 어떤 직장을 목표로 삼는 것이 아니라 어떤 능력을 키워 어떤 일에 기여하고 싶은지 고민하고 전문성을 익혀 나가는 배움의 과정과 변화에 유연하게 적응할 수 있는 능력을 몸에 새기는 것이 더욱 중요하다.

새로운 기술을 내 편으로 만드는 일

챗GPT의 등장 이후 많은 직업들이 사라질 것이라는 전망에 두려워하는 사람이 많다. 그러나 기술은 앞으로도 계속 발전하고 새로워질 것이다. 본질적으로 이러한 변화를 두려워하기보다 먼저 이해하고 내 것으로 활용하기 위해 적극적으로 나서야 한다. 기술이 발전함에 따라 오히려 이를 잘 활용할 수 있는 인간의 창의성이 더욱 중요해지고 있으며, 미래 기술의 개념, 원리, 활용 사례 등을 이해함으로써 우리는 미래 사회에서 요구되는 역량을 파악할 수 있을 것이다.

1900년대에 포드가 자동차를 대중화한 이후로 그 이전까지 운송 수단으로 쓰이던 마차는 거리에서 사라졌다. 자동차라는 새로운 변화의 물결을 받아들이지 않고 오히려 마차를 끄는 말 사육의 규모를 늘렸던 업자들은 큰 충격과 타격을 받을 수밖에 없었지만 이후 자동차는 우리에게 당연한 것이 됐다. 이제는 아무도 자동차가 말 사육업자의 직업을 뺏었다고 생각하지 않으며 자동차를 이용하는 새로운 직업들이 수없이 파생되었다.

우리는 변화를 두려워하기보다 변화에 적응하고 우리가 하고자 하는 일의 변화를 예측해야 한다. 미래 과학기술이 앞으로 변화할 새로운 시장을 선도할 것이라 해도 기술의 혁신 그 자체가 미래를 책임지지는 않는다. 인간의 창의력을 어떻게 펼쳐내고 어떻게 구현해 낼지가 미래를 선도해 나갈 기술의 핵심이 될 것이다. 챗GPT 역시 제대로 활용할 줄 모르면 그저 심심할 때 대화를 나누는 말 상대에 지나지 않을 수 있다.

AI는 아직 완성된 기술이 아니라 여전히 개발 과정에 있기 때문에 누군가는 AI를 발전시키고 어떤 분야에 특화된 AI를 개발하는 일을 할 수도 있을 것이다. 그러나 모두가 개발자가 될 필요는 없다. 대신 더 많은 사람이 AI를 기반으로 업무 역량을 높이고 새로운 가치를 구현해 낼 수 있는 능력을 갖추어야 한다. 이를테면 AI를 통해 더 많은 데이터를 분석하는 작업이 가능해졌기 때문에 이에 기반해 더 정확한 의사 결정을 할 수 있게 되었다는 사실을 이해해야 한다.

즉 현재의 청소년들의 진로 희망이 과학 기술 분야에 한정될 필요는 없다. 하지만 새로운 기술을 이해하고 또 자신의 분야와 접목하여 활용할 수 있는 역량을 기르는 것은 매우 중요하다. 특히나 각 분야의 전문가들이 기존 분야에 더불어 인공지능에 전문성을 갖춘다면 그 활용도는 더욱 무궁무진해진다. 의사나 교사, 혹은 쇼핑몰을 운영하는 사업가 등이 인공지능을 접목하는 현실적인 아이디어를 낸다면 그 분야에서 지금까지 다뤄 본 적 없는 방식의 새로운 가치 창출 시도가 가능해질 것이다. AI 교사가 수준별 맞춤 학습을 지원하고, AI 의사가 눈으로 보는 것보다 정확하게 엑스레이 사진을 비교하고 분석한다면 어떨까. 미래 기술을 이해하고 적용하는 것은 앞으로 선택이 아니라 필수 역량이 될 것이라고 본다.

다만 이때 기술을 무비판적 수용하는 것이 아니라 비판적인 태도로 대하는 것도 중요하다. 아마존은 채용 과정에 AI를 도입했다가 얼마 후 철회한 적이 있다. AI가 기존 직원들에 대한 데이터를 바탕으로 신입 사원을 채용하다 보니 여성 지원자를 차별한다는 사실을 알게 된 것이다. 사람보다 공정한 기준을 바탕으로 채용할 것이라고 믿었던 AI의 알고리즘에 편향성의 오류가 있었던 사례다.

이미 우리 사회에서는 스마트폰의 과도한 사용이 뇌의 집중력이나 조절 능력을 저하시킨다거나 알고리즘에 지나치게 의존하여 편향적인 정보만을 접하게 된다는 문제점이 지적되고 있다. 새로운 과학 기술은 자연스럽게 우리의 삶에 스며들고 있으나 무심코 끌려가는 것이 아니라 기술을 내 편으로 만들어 주체적으로 다룰 수 있어야 한다. 미래 과학 기술의 장점과 한계를 면밀히 검토하고 비판적으로 바라볼 수 있는 능력은 앞으로 어떤 일을 하든 매우 유용한 무기가 될 것이다.

미래에는 어떤 직업이 유망할까

역사는 되풀이된다고 하지만 우리는 이제 과거에 한 번도 경험하지 못한 형태의 미래를 살게 될 것이다. 미래 사회의 산업 구조 변화에 대해서는 다양한 예측이 등장하고 있다. 한국고용정보원에서는 '4차 산업혁명 시대 내 직업 찾기'라는 연구 보고서를 통해 미래 유망 직업 15가지를 꼽아 공개했다. 사물인터넷 전문가, 인공지능 전문가, 빅데이터 전문가, 가상현실/증강현실 전문가, 생명과학 연구원, 정보보호 전문가, 로봇공학자, 자율주행차 전문가, 스마트팜 전문가, 환경공학자, 스마트 헬스케어 전문가, 3D 프린팅 전문가, 드론 전문가, 소프트웨어 개발자, 신재생 에너지 전문가다. 대부분은 디지털 기술을 기반으로 성장 가능성이 높은 직업군이다.

미래에는 정형화된 업무 대부분은 인공지능과 로봇이 대체할 수 있기 때문에 기존의 많은 직업군이 사라지거나 새롭게 바뀔 것이다. 앞으로는 보다 전문적이고 고차원적인 사고력이 필요하다. 특히 많은 직업들이 전문화, 세분화되고 있다. 그런데 여전히 과연 어떤 직업군을 선택하는 것이 유망한지, 다시 말해 명예와 경제력을 갖는 데에 유리한지에 대한 관심도 높다.

사람들은 의사 결정을 할 때, 가능하면 위험 요소를 줄이고 가능성이 큰 선택을 하려고 하기 마련이다. 그래서 진로를 정하거나 입시 때 학과를 정하면서도 주로 현재 유망 학과와 직업을 기준으로 하는 경우가 많다. 하지만 현재 중고등학생이 대학교에 진학하고 졸업을 하는 시기는 앞으로 10년에서 15년 후다. 지금 생각하는 유망한 직업이 과연 그때도 유망할지는 아무도 모른다. 2000년대 초반만 해도 이공계를 선호하지 않는 분위기였다. 이공계 기피 현상은 2010년대 초반까지 심화되었다. 특히 컴퓨터 공학을 전공하는 친구들은 늘 밤낮이 바뀌어 있고 떡진 머리를 하고 다녀서 친구들 사이에 인기도 없었다. 불과 10년에서 15년쯤 지난 지금, IT 개발자가 주목받고 AI 산업까지 활황을 띨 줄이야 누가 알았겠는가.

성공할 가능성이 높은 직업적, 전문적 영역은 사실상 누구도 정확히 예측하기 어렵다. 경영학자 피터 드러커 Peter Drucker가 '당신이 미래를 예측하는 가장 좋은 방법은 미래를 창조하는 것'이라고 했듯이, 아이디어를 바탕으로 창업을 하기 쉬운 시대이기 때문에 스스로 새로운 직업을 만들고 이름을 붙이게 될 수도 있다. 특히 미래에는 1가지 직업을 평생 갖는 것이 아니라 평생 10가지 직업을 갖게 될 것이라는 예측도 나온다. 평생에 걸쳐 일할 수 있는 안전하고 유망한 직업 1가지를 선택하겠다는 목표 자체가 무의미할 만큼 기술과 사회는 빠른 속도로 변화하고 있다.

분명히 말할 수 있는 것이 있다면 어떤 환경이 펼쳐지든지 도전하고 답을 찾아 나갈 수 있는 태도와 역량 그리고 경험은 어떤 미래가 닥쳐오더라도 좋은 자양분이 될 것이다. 변화하는 트렌드를 알고 유연하게 적응할 수 있는 능력이 있다면 새로운 산업과 시장이 나타날 때가 오히려 하나의 기회가 될 수 있다.

유망한 직업보다 중요한 건 살면서 가장 많은 시간을 보내는 자기 직업에 대한 흥미와 열정임을 잊지 말아야 한다. 미국의 심리학자 홀랜드Holland는 보통 사람들은 자신이 재미있거나 좋아하는 일에 더 쉽게 만족감을 느낄 뿐 아니라 그 일을 오랫동안 할 수 있다고 분석했다. 직업 선택에 대한 기준은 시대별로 조금씩 달라져 왔고 개인마다 다를 수 있기 때문에 무엇을 우선 순위에 두었을 때 만족도가 높을지 스스로에게 질문할 필요가 있다.

꼭 최첨단 디지털 기술이나 인공지능 개발 관련 업계에 몸담고 있는 것이 성공이라 단언할 수 없다. 디지털 기술과 인공지능은 우리가 하고자 하는 일을 더 잘할 수 있도록, 새로운 방향으로 발전시킬 수 있도록 도와주는 하나의 도구가 되기도 한다. 꼭 좋아하는 일을 잘할 수 있는 것은 아니지만, 좋아하지 않으면 지속하기 어렵고 지속하지 않으면 더 잘하기 어렵다. 인공지능을 비롯한 기술 트렌드에 대한 이해와 적응도 중요하지만 자신이 좋아하는 일을 할 때 더 큰 시너지가 나고 무엇보다 일을 하면서 행복할 수 있다.

인공지능도 결코 대체할 수 없는 것

인공지능은 규칙적이고 패턴화된 일에 대해서는 최적의 능력을 발휘한다. 질문의 언어 구조를 파악하고 가지고 있는 데이터 내에서 요구되는 정보를 빠르게 검색하고 정리하여 적절한 답변을 생성한다. 상당히 좁은 영역에서 특화된 문제는 프로그래밍된 알고리즘을 바탕으로 잘 풀어낼 수 있다는 뜻이다. 하지만 인공지능이 절대 대체할 수 없는 인간만의 능력이 있다. 바로 '깊이 있는 사고력'이다. 인공지능은 사람의 지능처럼 종합적으로 사고할 수 있는 능력은 없다. 인공지능이 최대한의 성능과 정확도를 발휘하려면 명확한 문제와 목표, 그리고 이를 해결하기 위한 경우의 수가 존재해야 한다.

반면 인간의 지능은 단계를 무시하고, 문제를 재해석하며, 경로를 재구성할 수 있다. 특히 인간의 인지 능력 중에서 통찰력은 문제의 본질을 꿰뚫거나 해결책을 도출하는 방식의 사고를 말한다. 통찰력을 가진 인간은 다양한 정보를 사전 지식이나 맥락, 경험과 직관으로 해석할 수 있고 이는 종종 혁신적인 발견이나 발전으로 이어지기도 한다. 인공지능은 다양한 데이터와 경우의 수를 빠르게 계산할 수 있지만 서로 다른 아이디어를 융합하고 연결해 내는 인간의 통찰력은 갖추지 못했다.

과거 아르키메데스는 왕으로부터 "이 왕관이 정말 순금인가?"라는 질문을 받는다. 인공지능이라면 이 문제를 어떻게 해결하고 판단할까? 인공지능이 이를 해결하기 위해서는 왕관의 무게와 부피, 그리고 금과 다른 금속의 밀도와 무게에 대한 데이터가 필요할 것이다. 하지만 왕관의 모양은 불규칙하기 때문에 정확한 왕관의 부피를 측정할 수 없어 이를 측정할 수 있는 별도의 기기 없이는 답을 도출하기 어렵다.

반면 아르키메데스는 목욕탕에서 욕조에 몸을 담자 물이 넘치는 것을 보고, 넘치는 물의 부피에 따라 왕관의 부피를 측정할 수 있다는 것을 깨달아 '유레카!'를 외쳤다. 복잡한 모양의 부피를 측정하는 별도의 기기나 최신 알고리즘 없이도 바구니와 물만 있으면 부피를 손쉽게 측정할 수 있게 하는 힘, 그것이 바로 인간의 지능이 가진 통찰력이다.

인간의 커뮤니케이션 능력은 앞으로 더욱 중요하게 여겨질 역량으로 꼽힌다. 인공지능이 발달해도 결국 우리는 사람과 함께 일하면서 의사 결정을 해야 한다. 전문적인 기술도 중요하지만 서로 의사소통하고 상호 작용하는 능력은 인공지능에게 가르칠 수도 없고, 사람도 속성으로 습득할 수 없다. 우리의 커뮤니케이션은 말뿐만 아니라 억양, 목소리, 표정, 손짓, 몸짓 등의 비언어적인 요소를 포괄적으로 포함한다.

AI 의사는 매우 정확한 진단을 내려 줄 수는 있겠지만, 내 아픔에 진심으로 공감해 주는 의사를 만났을 때 느끼는 고마움과 안도감을 전해 줄 수는 없다. 미래에 높은 숙련도가 필요하지 않거나 육체적인 노동력이 사용되는 일자리의 상당수를 인공지능이 대체하게 되더라도, 병간호나 육아 등 감정적인 교류가 필요한 영역은 인공지능으로 대체하기 어려운 분야로 꼽힌다.

앞으로는 각 전문 분야나 기술 간의 융합과 협력이 더 중요해질 것이다. 기술의 발전으로 더 많은 지식과 정보를 얻어 전문 분야 바깥으로 쉽게 사고를 확장해 나갈 수 있고, 인공지능을 바탕으로 여러 분야가 융합함으로써 기존에 할 수 없었던 도전적인 시도나 연구도 가능해지고 있기 때문이다. 또한 개인의 노력만으로는 기술 진보 방향을 파악하거나 속도를 따라잡기 역부족이기 때문에 다양한 분야의 사람들과 네트워크를 형성하고 협력할 필요도 있다.

이처럼 개인과 개인, 개인과 조직 간에 원활한 커뮤니

케이션과 팀워크를 통해 협업하고, 현명한 리더십으로 문제를 해결하며 성장해 나갈 수 있는 능력은 인공지능과 가장 또렷하게 구별되는 중요한 역량이다. 그래서 미래를 살아갈 인재들은 '딥씽킹'해야 한다. 즉 인공지능이 결코 대체할 수 없는 고유의 힘을 길러야 한다.

2장

인공지능 시대를 살아갈 아이에게
필요한 다섯 가지 힘

비판적 사고력을
갖춰라

인공지능은 거짓말을 한다

인터넷의 발전은 전 세계에서 지식을 쌓거나 소비하는 방식에 대한 패러다임 자체를 바꿨다. 검색 엔진의 등장으로 사람들은 백과사전이 아닌 인터넷 포털에서 정보를 찾기 시작했고, 정보 접근성이 극도로 높아지며 거의 모든 주제에 대한 정보와 지식을 즉각적으로 검색할 수 있게 되었다. 한때 부와 교양의 상징이었던 브리태니커 백과사전은 지난 2010년, 종이 백과사전을 244년 만에 더 이상 출판하지 않기로 결정했다.

더 나아가 최근 등장한 생성형 인공지능은 지식을 활용하는 방식에도 영향을 미치고 있다. 인간의 언어와 패턴을 학습한 인공지능은 사람이 검색 결과를 일일이 들여다보고 필요한 정보를 뽑아내어 재정리해야 하는 수고를 덜어 주었다. 이제 포털을 검색하고 링크를 넘나들지 않아도 챗GPT 등의 대화형 인공지능을 통해 원하는 답을 빠르게 찾을 수 있다. 기존에는 데이터 분석 및 처리 활동에 집중되어 있던 인공지능의 행동 반경이 매우 넓어지면서 이제는 인간의 패턴을 분석해 생각과 행동을 모방하고 새로운 창작물을 만드는 수준에 이르렀다.

그러나 절대 놓치지 않아야 하는 맹점은 인공지능의 부정확성이다. 생성형 인공지능은 인터넷에서 엄청난 양의 텍스트와 이미지를 학습하여 문맥에 맞게 답을 재조합하는 방식으로 작동한다. 인간이 검색 엔진이 추려 준 정보에서 직접 답을 찾는 방식이 아니기 때문에 잘 모르는 문제에도 그럴 듯한 대답을 하거나 전혀 맥락이 없는 인터넷 창작물을 마치 실제 정보인 것처럼 꾸며 내기도 한다. 즉 잘못된 데이터를 학습한다면 당연히 잘못된 정보를 출력할 수밖에 없다. 이를 '환각Hallucination'이라고 부른다.

이를테면 실제로 존재하지 않는 '허씨 초콜렛'에 대해 질문했을 때 챗GPT는 아래와 같이 황당무계한 답변을 내놓기도 했다.

'허씨 초콜렛은 대한민국의 초콜렛 브랜드 중 하나로, 1999년에 창업된 기업입니다. 창업자인 허경영 회장이 미국에서 경영학 박사 학위를 취득하고 국내에 창업하여, 초콜렛을 중심으로 다양한 디저트 제품을 출시하고 있습니다.'

아직 환각을 방지할 수 있는 기술은 없다. 구글 최고경영자 순다르 피차이 Sundar Pichai는 23년 4월에 미국 방송 〈60분〉에 출연하여 바드 등 AI 챗봇에서 발생하는 환각의 원인과 해결책을 누구도 제시하지 못하고 있다고 지적했다. 이것이 '앞으로 AI 개발자의 최우선 임무가 될 것'이라고 주장하기도 했다.[23] 앞으로 인공지능을 잘 활용할 수 있는 능력과 인공지능이 내놓는 정답을 의심하고 잘못된 정보를 분별할 수 있는 사고가 필요하다.

비판적 사고는 쉬운 일이 아니다. 우리의 뇌는 가장 첫 번째로 주어지는 그럴듯한 답을 무조건적으로 수용하려고 하는 경향이 있다. 의사 결정을 최대한 단순하고 효율적으로 하기 위해서 사람의 인지는 굉장히 편향적으로 작동하기도 한다. 예컨대 어떤 정보를 접할 때 사람들은 기존의 자기 믿음이나 신념과 일치한다고 느끼는 경우 의심 없이 받아들이는 경향이 있다. 이를 '확증 편향 Confirmation Bias'이라고 한다. 또한 사람들은 권위 있는 인물이나 출처가 제공하는 정보를 그대로 받아들이기도 한다. 인공지능의 성능이 발전하고 우리 삶에 인공지능이 더욱 깊숙하게 스며들수록 사람들은 인공지능에 제시하는 정보를 정답으로 받아들일 수 있다.

무엇보다 이는 단발적인 경험에 그치지 않는다는 점이 우려된다. 인간의 뇌는 처음 들어온 정보를 바탕으로 후속 정보를 해석하고 이해하는 경향이 있다. 이는 효율적인 의사 결정을 위한 인지적 단축이다. 다시 생각해 보면 인공지능이 제시한 검증되지 않은 데이터를 무분별하게 받아들이면 인간의 사고와 결정 자체에 큰 영향을 끼칠 수 있다는 뜻이다. 우리는 인공지능에 질문을 던지되 주어진 답을 의심할 줄 알아야 한다. 즉 '비판적 사고력'을 갖춘 인재가 인공지능과 함께 일을 잘할 수 있다.

사실과 의견을 구분하는 힘

인공지능은 사전에 학습된 데이터와 프로그래밍된 알고리즘을 기반으로 빠르고 정확하게 계산하고 데이터를 처리하는 데 탁월하다. 하지만 이는 어디까지나 주어진 데이터와 알고리즘 내에서 유효할 뿐이다. 반면 인간은 '창조적 알고리즘'을 가지고 있다. 적은 양의 데이터로도 그 의미와 패턴을 빠르게 파악할 수 있을 뿐만 아니라 정보의 맥락을 이해하고 해석하여 새롭게 의미를 부여할 수 있다. 이는 인간과 인공지능을 구별하는 인간 고유의 재능으로 '정보를 연계하여 새로운 통찰을 이끌어 내는 능력', 즉 비판적 사고력이다. 우리가 언제 어떤 지식을 학습하든지 대체할 수 없는 창조적 성과를 내기 위해서는 정보를 주체적으로 이해하고 해석하는 능력을 갖춰야 한다. 이는 장차 우리 사회가 교육을 통해 길러야 하는 능력이기도 하다.

비판적 사고력을 갖춘 사람은 어떤 상황에 처하더라도 사안에 대해 다양한 관점에서 분석하고 평가할 수 있다. 이는 '조사하는 태도'를 견지하기 때문이다. 우연한 호기심이나 산발적인 아이디어, 망상에 의존하지 않고 근거를 찾아가며 대상을 조사하여 주체적인 판단을 할 수 있다면 우리 앞에 놓인 수많은 정보의 홍수 속에서도 길을 잃지 않을 것이다.

이를 위해서는 두 가지 질문을 던져 봐야 한다. '근거를 갖추고 있는 믿을 만한 생각인가?'라는 생각 자체에 대한 질문과 '근거는 어떻게 수집되었는가?'라는 근거의 타당성에 대한 질문이다. 어떤 의견과 그 의견을 뒷받침하는 근거를 모두 따져 보는 것이다.

다른 말로는 주장과 근거를 구분하는 것이라고 볼 수 있다. 비판적 사고력이 발달하지 않은 어린아이들은 자신의 주장과 근거의 상관관계를 명확하게 파악하지 못하기 때문에 엉뚱한 인과 관계를 주장하기도 한다. 뇌가 완전하게 발달하기 전에는 복잡한 추론과 논리적 사고를 완전히 이해하고 적응하는 능력이 부족하기 때문이다. 일반적으로 주장과 근거의 관계를 명확하게 파악하기 시작하는 나이는 6세 정도다. 이 시기에 비로소 아이들은 주장과 근거 간의 관계를 파악하는 논리적 사고를 시작하며 본격적으로 의사소통을 하게 된다.

물론 성인이 되어서도 우리가 생각하는 의견이나 주장에는 현실이 그대로 반영되는 것이 아니라 늘 개인의 신념이나 선입견이 투영되기 마련이다. 어떤 경험이나 사실을 받아들일 때 개인의 의지와 의도에 기반하여 이를 재해석하고 재형성하는 것이다. 이 사실을 인지하면 우리는 상대방의 주장 역시도 그가 가진 신념을 기반으로 자의적인 해석이 들어갈 수 있음을 이해하게 된다. 모든 사람이 객관적 사실이 아니라 해석된 사실을 말하고 있다는 점을 인식하는 것이 바로 비판적 사고의 출발점이라고 할 수 있다. 이를 바탕으로 했을 때 비로소 그 해석의 근원이 되는 사람들의 의도, 감정, 의지까지 좀 더 포괄적으로 파악할 수 있게 된다.

수많은 정보 사이에서 사실과 의견을 구분하고 어떤 주장의 근거에 대한 타당성을 파악하기 위한 좋은 훈련법 중의 하나는 어릴 때부터 뉴스를 자주 읽어 보는 것이다. 흔히 뉴스를 사실을 전달하는 매체라고 생각하지만 같은 사실이라도 의도에 따라 맥락은 달라질 수 있다. 만약 '물가가 오르고 있으니 정부에서 해결책을 마련해야 한다'라는 짧은 문장 하나가 있다고 해도, '물가가 오르고 있다'는 것은 사실이지만 '정부에서 해결책을 마련해야 한다'는 것은 하나의 의견이다. 같은 사건도 매체마다 전혀 다른 뉴스가 되기도 하고, 혹은 뉴스처럼 보이지만 그 안의 의도를 찾아보면 특정 기업이나 제품의 광고인 경우도 있다. 가짜 뉴스는 아예 검증된 근거가 없는 내용을 사실처럼 전달하기 때문에 항상 근거가 있는 내용인지 의심하는 관점도 필요하다. 인공지능의 활용으로 많은 정보에 대한 접근성이 높아질수록 어떤 정보를 무비판적으로 수용하는 것은 위험한 일이며, 이는 비판적 사고력의 중요성이 더욱 높아지고 있는 이유다.

나와 당신은 다를 수 있다

주장과 근거를 명확하게 구분할 수 있는 능력을 갖추면 본인의 생각을 보다 정확하게 인지한 채로 표현할 수 있다. 나아가 타인의 주장을 이해하고 비판적으로 평가하는 능력 또한 향상된다. 단순한 사실의 공유를 넘어 복잡한 생각과 아이디어를 공유하고 상대방의 마음을 추론하는 과정까지 발전할 수 있다. 이는 인간의 대화와 동물의 의사소통을 명확히 구분하는 대목이기도 하다.

장 피아제Jean Piaget의 실험에서 이를 확실하게 알 수 있다. 한 실험에서 4세 아이들에게 달리기하는 선수의 사진을 보여 주었다. A 선수와 B 선수가 달리는 모습을 찍은 사진과 A 선수가 트로피를 들고 환하게 웃는 사진을 보여 주고 아이들에게 "A와 B 선수 중에서 누가 이겼을까?"라고 물어봤다. A를 승자로 지목한 아이들에게 왜 그렇게 생각했는지 이유를 물어보면 "멋진 운동화를 신어서요.", "키가 더 큰 것 같아서요." 등 가지각색의 대답이 나온다. 사실 A 선수가 승자라고 추론할 수 있는 합리적인 근거는 손에 트로피를 들고 있기 때문이지만 그렇게 답하는 아이들은 많지 않다.

또 다른 실험에서는 나무를 오르고 있는 아이의 사진 한 장을 보여 주고, 이어서 그 아이가 땅에서 무릎을 털고 있는 사진을 보여 주었다. 아이들에게 "이 아이가 나무에서 떨어졌는지 어떻게 알 수 있을까?"라고 물어 보면 많은 아이들은 "땅에서 무릎을 털고 있어서요."라는 대답보다는 "나무를 제대로 잡지 않아서 떨어졌어요."라는 등의 자신만의 대답을 내놓는다.

아이들은 아직 A가 달리기에서 이겼다고 추측할 수 있

는 이유나 아이가 나무에서 떨어졌다고 볼 수 있는 근거에 대해 객관적인 추론을 하기 어렵다. 자신이 생각할 수 있는 주장과 근거를 뒤섞어서 판단하고 남들도 자신과 같은 방식으로 생각한다고 확신한다.

또 다른 사례로 4세 아이들에게 초콜릿 통을 보여 주고 이 안에 무엇이 들어 있을지 물어보면, 대부분이 '초콜릿'이라고 답한다. 사실 그 통 안에는 연필이 들어 있었고, 실험자는 통을 열어서 아이들에게 이 사실을 알려 준다. 그럼 이제 아이들은 초콜릿 통 안에 연필이 있다는 사실을 알게 되었다. 다시 실험자가 질문한다. "만일 새로운 친구가 이 초콜릿 통을 본다면 그 친구는 이 안에 뭐가 들어있다고 말할까요?" 4세의 아이들은 대부분이 '연필'이라고 대답한다. 6세쯤 되어야 비로소 "그 아이도 처음에는 초콜릿이라고 말할 것 같다."라는 답을 내놓는다. 이 실험 역시 마찬가지로 아이들이 아직 자기 생각과 근거를 제대로 구분하지 못한다는 점을 알려 준다. 그래서 자신 외에 다른 사람들의 생각이나 관점이 어떻게 발전하는지도 충분히 이해하기 어려운 것이다.

아이들의 인지가 발달하면서 자연스럽게 상대방의 관

점을 추론할 수 있게 되지만 미래를 살아갈 우리에게는 더욱 깊은 사고력과 공감 능력이 필요하다. 각자가 향유하는 문화나 가치관이 다를 때 우리 사회에는 크고 작은 오해나 갈등이 생기고 때로는 혐오로 번지기도 한다. 그러나 우리는 자신의 관점을 주장과 근거로 정확히 전달하여 오해를 줄여야 한다. 또 자신이 믿는 진실이나 진리가 모두에게 절대적이지 않으며 누군가에게는 옳지 않을 수 있다는 사실을 이해해야 한다. 또한 상대방의 입장에서도 자신만의 관점과 나름의 전달 방식이 존재한다는 사실을 존중할 줄 알아야 한다. 자신이 알고 있는 지식과 경험한 환경 내에 갇혀 있는 것이 아니라 다른 사람이 사고하는 방식과 관점에 대해 이해할 수 있을 때 사람 사이의 원활한 커뮤니케이션이 가능해지며 한 차원 나아간 폭넓은 사고를 할 수 있다.

우리는 미래에 인공지능과 일하는 동시에 사람만이 가질 수 있는 사고력과 깊이 있는 커뮤니케이션을 활용할 줄 알아야 한다. 남을 이해하고 공감하며 이를 바탕으로 협력할 수 있을 때 세계가 확장되고 그 경계에서 번뜩이는 새로운 아이디어가 생겨날 것이다.

비판적 사고력으로 이어지는 비판적 문해력

미래에는 데이터 문해력이 매우 중요하다는 이야기가 각종 매체에서 자주 언급되고 있다. 데이터 문해력은 데이터를 올바르게 읽고 해석하여 문제를 해결하고, 필요한 데이터를 생성하거나 활용하여 의사 결정할 수 있는 역량을 말한다. 우리가 어떤 설문 조사 통계를 봤을 때 그것이 겨우 10명의 집단을 대상으로 한 것이거나 혹은 특정한 성별이나 직업, 계층에 치우친 것이라면 그 통계가 의미하는 바를 곧이곧대로 받아들여도 될까? 데이터는 수많은 정보를 담고 있지만 그것을 올바르게 해석하고 분석하지 못하면 무용지물이다. 특히나 인공지능 시대에는 데이터의 홍수 속에서 적절한 데이터를 선별하고 재해석해 유의미한 통찰을 만드는 능력이 필요하다.

데이터 문해력을 높이는 데 앞서 기본적으로 어떤 문자 정보를 읽고 해석하는 문해력을 갖추는 것은 비판적 사고력의 근본적인 토대가 된다. 우리나라 학생들은 이미 학교에서 교과서를 비롯해 수많은 학습 정보를 받아들이고 의미를 파악하여 나름의 재생산을 하고 있다. 어찌 보면 세계 어느 나라 학생들보다 많은 정보를 다루는 훈련을 하고 있을지도 모른다. 그러나 학교와 학원에서 상당한 시간을 보내고 있음에도 불구하고 우리나라 학생들의 문해력은 높은 수준이라고 하기 어렵다.

지난 2021년 한국교육방송에서 중학교 3학년 학생들을 대상으로 시행한 문해력 측정 결과는 꽤 심각한 수준이다. 대상자 중 무려 27퍼센트의 학생이 교과서 내용을 이해하지 못하는 것으로 나타났다. 심지어 11퍼센트의 학생들은 초등학생 수준의 문해력을 보였다. 국제학업성취도평가PISA 읽기 영역의 경우 교과서를 이해할 수 없는 수준의 낮은 문해력을 보여 주는 학생의 비율이 2006년에는 18.2퍼센트였으나, 2018년에는 34.7퍼센트로 크게 늘었다. 2018년 기준으로도 학생 3명 중 1명은 교과서를 이해하지 못하고 있다는 의미다.

'비판적 읽기'는 비판적 사고를 바탕으로 화자의 주장과 근거를 분리하며 정보를 해석하는 것이다. 텍스트를 단순히 이해하는 것을 뛰어넘어, 내용을 분석하고 평가하며, 논리적인 결론을 도출하는 독서 방식이다. 이는 작가의 의도를 이해하고, 주장을 분석하며, 근거를 평가하고, 다른 관점이나 정보와 비교하는 과정까지를 포함한다. 한편 '비판적 쓰기'는 내가 하고 싶은 주장을 구성하고, 숙고하고, 근거에 기반하여 설명하는 것이다. 문제를 분석하고 정보를 조직하며 예상되는 반론을 반박하는 과정까지 아우른다.

다른 사람의 근거와 주장에 대해 생각하는 것을 비판적 읽기, 내 주장과 근거에 대해 생각하는 것을 비판적 쓰기라고 일컬을 수 있다. 비판적으로 읽는 사람은 비판적으로 쓸 수도 있을 것이다. 주어진 정보를 나만의 관점으로 해석할 수 있는 문해력과 자신의 관점을 논리적으로 설득할 수 있는 글쓰기 능력은 동전의 양면과도 같다.

비판적 문해력을 갖춘 사람은 주어진 정보를 능숙하게 해석하고 자신의 해석을 논리적으로 전달한다. 이러한 역량은 효과적인 의사소통뿐만 아니라, 논리적으로 생각하고 결정하는 데도 요긴하기 때문에 학습 과정 전반은 물론이고 일상생활에서도 필수적이다. 우리는 정답을 찾기 위해 글을 읽을 것이 아니라 자신만의 의견을 구축하고 여러 사람들과 소통할 목적으로 글을 대해야 한다.

비판적 사고력 및 문해력 증진을 위한 교육의 중요성

은 더욱 높아지고 있다. 이를 위해서는 먼저 다양한 정보에 접근할 수 있는 기회를 제공해야 한다. 학생들에게 신문, 잡지, 방송, 인터넷 등 다양한 매체에 게재된 여러 관점의 정보를 접할 수 있도록 안내하는 것이다. 특히 의견이 상호 첨예하게 대립하는 주제를 다룰수록 좋다. 수업 시간에 토론을 활용하는 것도 도움이 될 것이다. 자신의 입장에 대한 합리적인 근거와 증거 자료를 제시하고 상대방 주장을 이해하거나 논리적 오류를 반박하는 과정에서 비판적 사고력을 향상시킬 수 있다. 이때 믿을 수 있는 증거 자료를 활용하기 위해서는 정보 출처, 신뢰도, 편향성 등을 고려한 정보 평가 방법을 가르쳐야 한다. 쏟아지는 정보 가운데 학생들이 올바른 정보를 선별하고 활용할 수 있는 능력을 갖추는 것이 중요하다. 이 정보가 전하고자 하는 핵심 내용은 무엇인지, 정보의 객관성을 어떻게 검증할 수 있는지 가르쳐 주어야 할 것이다.

나아가 정보의 활용과 창의적 사고를 촉진하는 활동을 진행하는 것도 좋다. 예컨대 학생들로 하여금 인터넷에서 다양한 의견이 제시된 주제를 선택하도록 하고, 해당 의견을 뒷받침하는 정보를 조사한 후 자신의 생각을 정리해 발표하는 활동을 진행하는 것이다. 이를 통해 학생들은 정보를 활용하여 새로운 아이디어를 도출하거나 문제를 해결하는 능력을 키울 수 있게 된다.

끝으로 자기주장을 하는 학생들을 격려해야 한다. 자기주장을 하는 학생은 자칫 주변 학생들로부터 우쭐대거나 특이하다는 평을 받을 수 있다. 교사는 이러한 분위기를 경계하면서 학생들에게 자기 생각을 논리적으로 설명하고 타인의 의견을 수용하며 조율하는 태도의 중요성을 강조해야 한다. 비판적 사고를 갖추려고 노력하는 태도를 장려해야 학생들 스스로가 '이곳에서는 자기표현을 해도 안전하다'라고 느낄 수 있다. 그때 비로소 자신을 드러낼 수 있고 비판적 사고를 하는 것에 진정으로 관심을 기울일 것이다.

비판적 사고력을 높일 수 있는 좋은 방법 중의 하나는 스스로의 의견이나 주장에 대하여 다시 반대 의견을 제시하는 연습을 해 보는 것이다. 소크라테스는 많은 사람들과 대화를 나누면서 그들의 이야기를 듣고 끊임없이 질문을 던졌다. 그리고 이를 통해서 사람들이 스스로 자신의 주장에 대한 허점을 깨닫게 하거나 진리에 가까워질 수 있게 도왔다. 이러한 소크라테스의 문답법을 '산파술'이라고 한다.

자기 생각에 대해 의문을 제기하고 직접 반박해 보면 겉으로 드러나지 않았던 깊은 차원의 문제를 발견할 수 있다. 무엇보다 스스로가 무엇을 몰랐는지 깨닫게 되는 계기가 된다. 세상을 있는 그대로 보는 것이 아니라 그 이면을 해석할 수 있는 능력이 바로 비판적 사고력이다.

☞ 실천편 활동지 ☜

> 다양한 의견을 논리적으로 살펴보며 비판적 사고력을 갖춰 보자.

1) **AI 딥페이크 가짜뉴스 파문…규제법 필요할까**, 허원순, 생글생글, 2024.02.19.,
https://sgsg.hankyung.com/article/2024021680021

2) **의자 없앤 지하철, 혼잡도 해결될까? "탑승 인원 늘어 좋아" VS. "발 디딜 틈 없어 불안감"**,
김지선, 어린이조선일보, 2024.03.05., https://kid.chosun.com/site/data/html_
dir/2024/03/05/2024030503085.html

3) **범죄 저지르고 "촉법소년 〈만 10세 이상~14세 미만〉이라 괜찮아" 어리다고 '면죄부' 주는
게 합당할까요?**, 진현경, 어린이조선일보, 2024.02.13., https://kid.chosun.com/site/
data/html_dir/2024/02/13/2024021302169.html

4) **사람 대신 로봇이 일하는 세상… '로봇세' 도입한다고?**, 김지선, 어린이조선일보,
2024.02.26., https://kid.chosun.com/site/data/html_dir/2024/02/26/20240
22602540.html

1. 참고 기사를 읽어 보고 내 의견과 근거를 정리해 보자.

내 의견	
근거	

2. 내 의견과 반대되는 입장을 찾아보고 근거를 정리해 보자.

내 의견	
근거	

3. 여러 의견을 알아보고 비교하면서 느낀 점을 서술해 보자.

느낀 점

질문하는 인재가
되어라

나 자신에 대해 먼저 질문하라

4차 산업혁명을 언급한 세계경제포럼 회장 클라우드 슈밥은 이런 말을 했다.

"제4차 산업혁명은 디지털 혁명을 기반으로 다양한 과학기술을 융합해 개개인뿐 아니라 경제, 기업, 사회를 유례없는 패러다임 전환으로 유도합니다. '무엇'을 '어떻게' 하는 것의 문제뿐 아니라 우리가 '누구인가'에 대해서도 변화를 일으키고 있습니다."[24]

앞으로 지금까지와 비교할 수 없을 만큼 수많은 삶의 선택지가 우리를 기다리고 있을 것이다. 기존에 존재하지 않거나 상상할 수 없었던 직업을 스스로 개척해 가야 할 수도 있다. 생각할 필요가 없는 단순한 작업은 더 이상 인간이 하지 않는다. 미래의 직업은 단순히 먹고 살기 위한 것이 아니라 자아실현에 가까운 형태일 때 그 의미와 필요를 갖게 될 것이다.

진로 결정을 앞두고 있을 때 우리는 '내가 어떤 사람이 될 것인가'를 고민해야겠지만 그에 앞서 생각해야 할 질문은 '나는 누구인가?'다. 철학적인 질문처럼 들릴 수 있지만 실제로 질문을 던지는 것은 인간의 가장 큰 능력인 동시에 자신과 세상을 바라보는 통찰이다. 17세기 철학자인 데카르트는 '나는 생각한다, 고로 존재한다'라고 말했다. 그는 자신이 확실히 알 수 있는 것이 무엇인지 탐구하며 의심할 수 없이 분명한 참된 진리를 추구했다. 이를 위해서 그는 자신이 알고 있던 모든 진실에 대해 의구심을 가지고 질문을 던졌다. 즉 인간이 생각하는 존재라는 것은 곧 질문하는 존재라는 의미이다.

나의 강점과 약점, 가치관과 선호를 깊게 이해할 때 우리는 무엇을 원하는지 더 명확히 귀 기울일 수 있고 효과적인 진로 설계를 해낼 수 있다. 그래서 '나는 누구인가?'라는 이 오래된 질문은 4차 산업혁명 시대에도 여전히 유효하고 중요하다. 인생의 의미를 발견하는 일에는 시간이나 기술의 제약이 없다.

자기인식을 잘하는 사람들, 즉 내가 누구인지 아는 사람들은 자신이 가고 있는 방향에 대해 항상 인지하고 있다. 따라서 자신답지 않은 상황에 휘둘리지 않고 그 상황을 거스를 힘도 가지고 있다. 반면 자기인식이 부족한 사람들은 어떤 일을 할 때 기준이 명확하지 않기 때문에 자신답지 않은 선택을 반복해 스스로 혼란을 초래하기 쉽다. 그래서 우리가 건강하게 성장하기 위해서는 스스로 자신의 기질과 위치를 명확히 직시할 줄 알아야 한다.

자기인식에는 '내가 보는 나'와 '다른 사람이 보는 나'의 두 가지 유형이 있다. 다른 말로는 각각 '내부 자기인식'과 '외부 자기인식'으로 칭한다. 내부 자기인식은 나의 가치, 열정, 비전, 선호도, 그리고 외부 환경에 대한 나만의 반응(생각, 감정, 행동 등)과 관련이 깊다. 외부 자기인식은 자신을 객관적으로 파악하며, 다른 사람과 공감하

고 그들의 관점과 의견을 편안하게 수용할 수 있는 능력
과 관련 있다.

내부 자기인식

내부 자기인식을 명확히 하기 위해서는 어떻게 해야
할까? 스스로 성찰하는 능력을 갖추는 것이 무엇보다 중
요하지만, 막연하게 느껴진다면 여러 심리 검사를 활용
해 보는 방법도 있다. 대표적인 직업 심리 검사로는 홀랜
드 검사와 빅파이브Big Five 검사가 있다.

홀랜드 검사의 경우에는 사람을 6가지 성격 유형으로
분류하고, 사람뿐 아니라 직업에도 각 직업별 환경 유형
이 존재한다고 가정한다. 그래서 개인의 성격과 적합한
직업 환경을 찾을 때 가장 효과적인 진로 설계가 가능하
다고 전제하는 것이다. 성격과 직업 환경의 6가지 분류
는 실제형, 탐구형, 예술형, 사회형, 기업형, 관습형이다.
빅파이브 검사 또한 개인의 성격을 개방성, 성실성, 외
향성, 친화성, 신경성의 5가지 범주로 구분하고 각 성격
에 부합하는 직업을 선택할 수 있도록 도와준다. 메이저
맵(www.majormap.net)은 홀랜드 검사와 전국 4년제 대학
의 학과 데이터와 직업 데이터를 연결하여 학생이 쉽게

자신에게 맞는 학과 정보와 직업 정보를 탐색 할 수 있는 서비스를 무료로 제공하고 있다. 학생 스스로 무엇을 좋아하고 잘하는지 알려 주고, 그것과 관련된 학과와 직업을 추천하면서 학생들이 자기만의 진로로드맵을 설계할 수 있도록 도와준다.

우리나라의 경우 대부분의 중고등학생이 학교에서 진로 심리 검사를 받고 있다. 한국직업능력개발원이 운영하는 진로정보망 커리어넷(career.go.kr)과 고용노동부 한국고용정보원이 운영하는 워크넷(www.work.go.kr)에서 다양한 유형의 진로 심리 검사를 무료로 제공한다.

이러한 진로 심리 검사를 활용하되 개인의 적성과 성격, 그리고 직업 환경은 고정된 특성이 아니라는 점을 기억해야 한다. 직업의 특성과 환경 역시도 빠른 속도로 변화하는 시대이기 때문에 특정한 시점에 수행한 진로 심리 검사 결과에 과도하게 의존할 필요는 없다. 자신의 특성을 파악하고, 진로 탐색에 동기를 부여하며, 목표를 이루기 위한 학습 및 행동을 촉구하는 계기 정도로 참고하여 활용하는 것이 바람직하다. 요컨대 검사를 통해 내부 자기인식을 시작하고 재고하는 계기로 삼는 것이다.

외부 자기인식

갓 태어난 아이들이 처음 거울을 접했을 때에는 거울에 비친 자신의 모습을 자신으로 인식하지 못한다. 동물들이 거울에 비친 자신을 보고 경계하거나 겁을 먹는 경우가 있는 것과 마찬가지다. 생후 24개월가량이 되어서야 아이들은 거울 속 자신의 모습을 인식하기 시작한다. 그래서 거울 앞에서 장난을 치거나 우스꽝스러운 표정을 짓기도 한다.

그러다가 어느 순간에는 갑자기 거울 속 자신의 모습을 가리거나 도망치는 행동을 보인다. 간혹 부끄러움을 느끼기도 한다. '다른 사람이 보는 나'에 대한 인식이 생기게 된 것이다. 자신이 타인에게 어떤 모습으로 보이는지, 또 그 모습이 어떻게 받아들여질지 인식하는 것은 자기인식을 발달시키는 중요한 단계 중 하나다. 자신과 타인을 이해하는 능력이 개발되는 과정이라고 볼 수 있다.

성장을 거듭할수록 타인의 눈에 비치는 자신에 대한 이해는 더욱 깊어진다. '내가 인식하는 나'와 '다른 사람이 보는 나'는 때때로 일치하지 않을 수 있다는 것도 알게 된다. 이러한 단계에서 '내가 인식하는 나'와 '다른 사람이 보는 나'를 통합하는 과정도 필요하다. 개인의 행동과 그에 따른 결과를 깊이 있게 이해하는 것, 자신의 감정과 생각을 인식하고 인정하는 것, 그리고 다른 사람의 시각과 피드백을 열린 마음으로 받아들이는 것을 훈련해야 한다. 이 훈련은 자신의 잠재력을 최대한 발휘하고, 성공적인 인간관계를 유지하며, 어려움을 극복하는 데 필요한 감성 지능 개발에 큰 도움이 된다. 자기인식과 자아존중감을 향상시키는 데 있어 매우 중요한 과정이다.

우리는 때로 다른 사람들을 통해서 더욱 진정한 나를 발견할 수 있게 된다. 〈하버드비즈니스리뷰〉는 자신에게 더욱 집중하는 사람들이 오히려 자기 인식 수준이 낮다는 놀라운 연구 결과를 발표한 바 있다.[25] 우리 자신의 얼굴을 거울 없이 보기 어려운 것처럼, 다른 사람들과의 관계는 진짜 내 모습을 발견할 수 있는 일종의 거울인 셈이다. 여러 사람들을 만나 대화하는 것을 즐기며, 그들이 내게 건네는 애정 어린 조언에 귀를 기울이는 것은 자신을 더욱 깊게 이해하는 좋은 방법 중 하나다. 이렇게 '나는 누구인가'라는 질문의 답을 발견하는 것은 앞으로 내가 무엇을 해야 하는지 보다 또렷하게 고민하고 용기 있게 나아갈 수 있는 단단한 밑바탕이 되어 줄 것이다.

성공과 행복 가능성을 모두 높이는 질문

학생들에게 자주 하는 질문이 있다. "너는 무엇을 제일 좋아하니?" 답변은 대부분 비슷하다. '노는 것, 먹는 것, 자는 것'이다. 다소 장난스러운 답변일 수도 있겠지만 생각해 보면 당연한 일이다. 노는 것, 먹는 것, 자는 것을 싫어하는 사람이 있을까. 그런데 좋아하는 일을 직업으로 삼기 위해서는 그것을 누구보다 열심히 , 심지어 잘해야 한다. 단순히 말해서 먹는 것으로 생계를 유지하려면 앉은 자리에서 냉면 10그릇쯤은 가볍게 먹어야 먹방 유튜버로 눈에 띌 것이다. 좋아하는 게임이나 축구를 업으로 삼으려면 페이커나 손흥민 선수만큼의 뛰어난 재능과 노력이 필요할 것이다.

안타깝게도 몰두할 만큼 '내가 좋아하는 것'을 보다 명확히 알고 있는 학생들이 많지 않다. 진로 설정의 핵심은 누군가가 시키거나 남들이 좋아하는 것이 아니라 자신이 좋아하는 것을 찾는 데에 있다. 하지만 많은 학생이 '내가 좋아하는 것은 무엇일까?'라는 질문의 답을 발견하지 못하고 있는 듯하다. 대다수는 그런 채로 이미 사회가 말하는 정답을 좇는 인생을 살아가고 있다. 어찌 보면 당연한 일이다. 학교와 학원만을 오가는 교육 환경을 조성한 어른들이 어느 날 갑자기 "자, 이제부터 네가 좋아하는 직업을 정하고 주도적으로 과목을 선택해 보렴."이라고 말한다고 해서 당장 자신의 길을 설정할 수 있는 학생들이 얼마나 될까. 그동안 해야 하는 것을 착실히 따라 살아왔는데 갑자기 좋아하는 것을 물으면 바로 답하기는 어려울 것이다.

앞으로 의미 있는 일을 하기 위해서는 자신이 원하는 것을 묻고 그에 대한 답을 찾아갈 수 있어야 한다. 다시 말해 자신이 어떤 상황에서 동기 부여를 받고 어떤 일을 좋아할 수 있는지를 탐색하고 깨달아야 한다. 내가 동기 부여를 받고 즐겁게 수행할 수 있는 일을 찾아내야 지치지 않고 즐거운 마음으로 지속할 수 있으며 보다 탁월한 성과를 거둘 수 있을 것이다.

동기는 내재적 동기 Intrinsic motivation 와 외재적 동기 Extrinsic Motivation 로 구분할 수 있다. 내재적 동기는 '자신'이 중심이고 외재적 동기는 '보상'이 중심이 된다. 쉽게 말해 공부 자체가 즐거워서 공부한다면 내재적 동기에 의한 것이고, 상을 받거나 벌을 피하기 위해 공부한다면 외재적 동기에 따른 것이다.

자신이 좋아하는 것에 열중하게 하는 내재적 동기는 개인의 열정과 가치관으로부터 발현되며, 우리의 학습, 선택, 행동에 깊은 영향을 미친다. 우리가 어떠한 행동을 하고 어디에 얼마나 많은 노력과 에너지를 쏟을지 결정하는 것이다. 예컨대 어떤 학생이 특정 과목을 잘하고 싶은 분명한 목적의식이 있거나 열정을 가지고 있다면 그 과목을 공부하는 자체만으로도 보람과 만족을 느낄 것이다. 이러한 내적 열정은 해당 분야를 더 깊게 알아 가고 싶은 욕구를 불러일으키고, 당연히 더 능동적이고 열심히 공부하는 방향으로 나아가게 된다. 이렇듯 내재적 동기는 학습을 촉진하고 성과를 향상시키는 역할을 한다.

반면 보상이나 처벌과 같은 외부 요인에 의해 발생하는 외재적 동기는 특정 행동을 유발하거나 목표를 달성하는 데에는 효과적일 수 있지만, 보상이나 처벌이 사라지면 행동도 함께 사라질 수 있다는 한계도 있다. 이를테면 시험 점수가 오르면 원하는 선물을 사 주겠다는 부모님의 약속 때문에 공부를 열심히 했던 학생이 시험이 끝난 뒤에는 공부를 전혀 하지 않게 되는 것이다. 그렇다고 해서 외재적 동기로 인한 행동 변화가 늘 부정적인 것은 아니다. 외재적 동기 역시 내재적 동기 못지않게 적절히 활용할 수 있다. 과학을 좋아하던 학생이 과학에만 몰두하다가 결국 대입에 실패하고 공부를 포기하는 상황이 발생한다면 어떨까. 이는 외재적 동기를 간과한 것이다. 학습의 즐거움이라는 내재적 동기는 성적 혹은 대입이라는 외재적 동기(보상)와 균형을 이루어야 더욱 지속 가능해진다.

결론적으로 좋아하는 것은 내재적 동기, 잘하는 것은 외재적 동기와 관련이 있다고 볼 수 있다. 좋아하는 것을 늘 잘할 수는 없지만 이는 자기 만족감을 높여 주고, 좋아하지 않더라도 잘하는 데 집중하면 빠른 성과를 통해 자기 효능감이 높아지는 보상을 받을 수 있다. 가장 좋은 건 물론 좋아하는 것과 잘하는 것의 공통된 영역을 찾아내는 것이다. 물론 잘하는 일을 좋아하게 될 수도 있다. 요즘에는 자신이 좋아하는 것을 모르겠다며 지레 포기하거나 좋아하는 일을 직업으로 연결할 수 있다는 기대감을 아예 내려놓은 듯 보이는 학생들도 많아 안타깝다.

어떤 일을 하는 것이 자신에게 가장 만족스럽고 행복

한지는 성향이나 가치관에 따라 다르겠지만, 적어도 내가 무엇을 원하는지 질문하고 이를 직시하는 것은 성공과 행복의 가능성을 모두 높여 줄 수 있다. 처음에는 다양한 경험과 함께 가벼운 목표부터 계획하고 시작해 보는 것은 어떨까. 그렇게 목표를 하나씩 달성하는 경험으로 성취감과 만족감을 언제 느끼는지 탐색할 수 있고, 이 경험은 나를 알아 가는 중요한 단계 중 하나다.

미래의 답은 스스로 찾는다

직업 세계가 요구하는 역량과 사회가 바라는 인재상은 기술 발전 및 사회 구조 변화와 맞물려 계속 변화한다. 우리는 그 가운데서 혼자서만 정체되어 있는 듯해 마음이 불안해지기도 한다. 그러나 우리가 주변의 모든 변수를 통제할 수는 없기에 어쩔 수 없는 변화의 흐름을 받아들여야 한다. 통제할 수 있는 단 하나의 변수가 있다면 우리 자신뿐이다.

우리는 자기 자신의 마음을 통제하고 관리할 수 있어

야 한다. 부정적 감정에 잠식되는 것이 아니라 긍정적인
에너지에 초점을 두고 마음을 채워 가야 한다. 불확실한
사회의 흐름 속에서 답을 찾고 있는 우리에게는 스스로
삶의 주인이 되고자 하는 주체적인 마음가짐과 열정이
반드시 필요하다.

누구나 부정적인 감정에 빠질 수 있고 이는 매우 자연
스러운 일이다. 부정적인 상황을 예측하고 실패를 예방
하기 위한 대책을 마련하는 것은 인간만이 가지고 있는
놀라운 능력이기도 하다. 따라서 부정적인 감정을 무작
정 억누르려고 애쓰지는 않아도 된다. 많은 사람이 열정
적인 상태를 유지하지 못하는 까닭은 부정적인 감정의
발생이 아니라 부정적인 감정에 갇히기 때문이다. 부정
적인 감정을 이미 결정된 사실로 받아들이거나, 외면하
고 합리화하려고 하는 것이다.

특히 부정적 감정을 외면하거나 해소하기 위해서 스
마트폰에 의존하는 것은 매우 위험한 방식이다. 게임, 웹
툰, SNS 등 스마트폰에서 제공하는 각종 서비스는 짧은
시간에 도파민을 분비하게 만들어 우리가 마치 다시 열
정을 느끼는 것으로 착각하게 만들 수 있다. 이처럼 쉽고

빠른 방식으로 부정적 감정을 처리하는 것에 익숙해지면 효율성을 추구하는 뇌는 차츰 이 방식만을 선호하게 될 것이다. 가짜 열정에 중독되면 실제로 최선을 다했을 때 느낄 수 있는 생동감, 성취감, 만족감과는 점점 멀어지는 결과로 이어진다.

외면하거나 억제하는 대신에 감정을 명확하게 바라보고 인정하는 것은 불안감을 줄이고 스스로가 느끼는 바를 신뢰할 수 있는 좋은 방법이다. 산타클라라대학교의 샤우나 샤피로Shauna L. Shapiro 박사는 자신의 신체에 차오르고 있는 감정이 정확히 무엇인지 파악하고, 설령 부정적 감정이라 해도 '불안', '분노', '공포' 등의 이름을 붙여 주는 것을 권장한다. 이렇게 감정을 이성적으로 바라보고 인지했을 때 감정에 휩쓸리지 않고 스스로 감정을 조절할 수 있는 훈련이 된다는 것이다.[26]

우리는 생각의 방파제를 쌓아 올릴 수 있어야 한다. 생각의 방파제는 건강한 자기인식이다. 자기인식의 수준이 높은 사람은 자신의 행동, 생각, 그리고 감정이 자신이 가지고 있는 가치관이나 기준에 일치하는지 판단할 수 있다. 자기 자신을 객관적으로 평가하여 행동과 가치관을 일치시킬 수 있는 능력을 길러야 한다.

무력감에 빠져 시간을 공허하게 흘려보내기보다 작은 성취감이나 뿌듯함을 느낄 만한 순간을 스스로 만들어 가는 사람이 성장의 기회를 얻는다. 공부든 일이든, 혹은 인간관계에서든 자신이 얼마나 열정적이고 주도적으로 참여했는지 고찰하고 나아가 자신이 할 수 있는 일을 직접 찾아 나서야 한다. 삶의 경험들을 통해 "어떠한 상황에서도 나를 통제하고 원하는 환경을 개척할 수 있다." 라는 자신감을 쌓아 가는 것이 중요하다. 급변하는 사회 속에서 우리는 수많은 선택지와 마주하게 될 것이다. 이미 다양한 고민과 결정을 자신감 있게 해 본 사람만이 그 안에서 자신을 위한 현명한 결정을 내릴 수 있다.

메타인지는 자기 확신으로 이어진다

컬럼비아대학교 심리학과 리사 손Lisa Son 교수와 아주 대학교 심리학과 공동 연구팀이 우리나라 고등학생을 대상으로 진행한 실험이 있다. 공부한 내용을 다시 읽어 보는 '재학습'을 했을 때와 그 내용에 대해 스스로 퀴즈를 내어 풀어보는 '셀프 테스트'를 했을 때, 과연 어떤 공부법이 더 효과적일지 실험했다. 실험에 참여한 학생들은 대부분 재학습이 더 효과적일 것이라고 예상했지만, 실제로는 셀프 테스트를 했을 때 시험 점수가 10점이나 향상되는 결과가 나타났다.

우리는 자신이 무엇을 알고 있는지 인지하고 있다고 생각하지만, 사실 뇌는 같은 내용을 반복해 읽으면 그것에 익숙해지면서 알고 있다고 착각한다. 반면 셀프 테스트를 하면 모른다는 사실을 알게 되기 때문에, 그 사실을 자각하는 데서 스트레스를 받지만 오히려 효과적인 학습이 가능해진다.

이러한 실험 결과는 메타인지와 관련이 있다. 메타인지는 자신이 무엇을 알고 모르는지, 자기 자신을 객관적으로 들여다보고 조절하며 보완할 수 있는 능력을 말한다. 자신이 느끼는 직관적인 감각에서 벗어나 한층 객관적인 시각으로 자기 자신을 바라보는 것이다. 메타인지 능력이 뛰어난 사람은 자신을 포함해 지식이나 정보, 주변 환경 등을 폭넓은 시야로 바라보고 포괄적으로 이해할 수 있다.

그래서 메타인지는 청소년의 진로 결정에 있어서도 중요한 역할을 한다. 우리가 진로를 정하고 나아갈 때, 자신의 흥미와 적성을 발견하고 흥미와 적성에 맞는 방향성을 추구하게 된다. 이때 메타인지는 진로 결정의 기반이 되는 요소를 더 명확히 인식하고 이를 실현하기 위한 행동을 하도록 이끄는 힘이다. 특히 메타인지가 부족하면 자신의 상황을 또렷하게 바라보기 어렵기 때문에 상황에 맞지 않는 자신감으로 노력을 게을리하거나, 혹은 지나치게 자신감이 떨어져 자신의 가능성을 위축할 수도 있다.

메타인지는 짧은 시간 내에 습득할 수는 없지만 꾸준한 연습을 통해 향상시키는 것은 얼마든지 가능하다. 자기 자신을 객관적으로 이해하기 위한 좋은 방법 중 하나는 스스로에게 질문을 던지는 것이다. 이를테면 오늘의 기분은 어땠는지, 즐겁거나 화가 나는 일이 있었다면 그 이유가 무엇이었는지, 자신이 즐거움을 느끼거나 분노하게 되는 핵심 요인이 무엇인지 단계별로 질문하며 객관적으로 답해 보자. 어떤 감정에 휩쓸려 가는 것이 아니라 마치 타인을 보고 분석하듯 자신의 내면을 탐구하다 보면 자신에 대한 이해가 깊어지고, 어떤 상황에 대한 해결책을 보다 분명하게 발견할 수 있게 된다.

중요한 건 현실적이고 객관적으로 바라본다는 명분으로 한계를 긋고 자신의 가능성을 축소할 필요는 없다는 점이다. 오히려 메타인지를 통해서 자신의 강점과 약점을 파악한다면 더 올바른 선택을 해 나갈 수 있다는 믿음을 키울 수 있다. 자신의 가능성을 다방면으로 탐색하고, 자기 확신을 바탕으로 스스로 방향성을 찾아 자신감 있게 진로를 설계해 나간다면 이는 장기적인 삶의 만족도에 있어서도 큰 밑거름이 될 것이다.

'질문하는 인재'는 자신의 기질과 선호에 대해 계속해서 질문하는 사람을 일컫는다. 이 질문에 유용한 답을 얻기 위해서는 먼저 시중의 검사들을 활용해 보기를 권한다. 예컨대 커리어넷(career.go.kr)과 워크넷(work.go.kr)에서 제공하는 진로 심리 검사나 메이저맵(majormap.net) '학과 직업선호도검사'와 같은 저명한 검사를 활용하면 자신의 선호에 걸맞는 학과나 직업을 확인할 수 있다. 설령 결과가 마음에 들지 않더라도 이 결과에서부터 고민을 시작해 볼 수 있기에 유의미하다.

일기를 쓰며 본인의 내면을 살펴보는 것도 좋은 방법이다. 일상 대화를 나누거나 스스로 고민만 하는 행위에 비해 일기 쓰기는 생각을 정돈할 수 있다는 점에서 유용하다. 글쓰기는 내 생각이 논리적인지, 또 맥락상 내용이 적절한지를 판단할 때 도움이 된다. 매일 일기를 쓰다 보면 내 고민의 성숙도를 파악할 수 있고, 벼려야 할 내용을 확인할 수 있다. 탄탄한 글을 작성했다면 내면에는 자신감이 자리 잡기 시작한다. 질문만이 중요한 것이 아니라 결국 답을 도출하는 과정까지 나아가야 할 것이다.

☞ 실천편 활동지 ☜

> 나의 선호와 기질을 탐색하기 위해 커리어넷(career.fo.kr)에서
> '진로 심리 검사'를 한 후, 나에 대해 고민해 보자.

1. '진로 심리 검사' 중 '직업적성검사'를 한 후 결과를 정리해 보자.

직업적성영역별 결과에서 높은 백분위를 차지한 적성 영역 세 가지를 적어 보자	
적성 영역	백분위

검사결과를 바탕으로 추천받은 직업군을 적어 보자	
적성 영역	직업군

2. 검사 결과를 살펴본 후, 내가 생각하는 나와 결과지가 알려 준 나를 비교하고 느낀 점을 적어 보자.

느낀 점

편집력을 갖춘 인재가
되어라

외우기보다 발견하기에 힘써라

정답만 따라가면 성공했던 사회 모델은 이제 인공지능 시대의 도래로 종지부를 찍고 있다. 인공지능이 데이터 처리, 패턴 인식, 예측 분석 등에서 사람보다 뛰어난 능력을 보이기 때문에 이제는 사고력, 창의력, 문제 해결 능력 등 인간 고유의 감성적이고 창조적인 능력이 더욱 중요해졌다. 인공지능은 반복적이고 예측 가능한 작업을 처리하는 데 능숙하지만, 복잡하고 창의적인 문제를 해결하거나 새로운 아이디어를 도출하는 능력에서는 인간의 지능을 따라올 수 없다. 이제 인간은 문제를 재정의하고, 기존에 풀어 보지 않았거나 혹은 정답이 없는 문제에 대하여 새로운 답을 만들어 내는 정답 창출 능력을 발휘해야 한다.

우리는 흔히 창의력을 세상에 없었던 새로운 것을 창조하는 능력이라고 오해한다. 그래서 창의력이 중요하다는 것은 누구나 알고 있지만 이를 막막하고 어렵게 느끼는 것이다. 하지만 창의적인 아이디어는 백지에서 튀어나오는 것이 아니라 기존에 존재한 것을 활용하고 융합하면서 등장한다. 그래서 오히려 우리가 익숙하게 다루는 기술과 정보를 잘 습득하고, 트렌드 변화를 유심히 살피는 것이 새로운 아이디어를 도출하는 데에 유용한 재료가 되어 줄 수 있다. 즉 다방면에 호기심을 갖고 탐구하여 융합하는 능력이 새로운 것을 만들어 내는 것을 창의력이라고 할 수 있다.

아이작 뉴턴은 자신의 경쟁자에게 보내는 편지에서 베르나르 사르트르의 말을 인용한 바 있다. "우리는 거인들의 어깨 위에 올라선 난쟁이들과 같기 때문에 고대인들보다 더 많이 그리고 더 멀리 볼 수 있다." 만유인력의 법칙을 발견한 당대의 천재 뉴턴도 자신의 창의적 발상이 우연한 영감이 아니라 그동안 쌓은 지식의 바탕으로 형성된 것이라는 메시지를 전한 것이다.

누구도 무에서 유를 창조할 수는 없다. 대부분의 발명은 이미 쌓아 온 인류의 지식과 수많은 시행착오를 바탕으로 이루어지는 것이다. 창의적인 생각은 한순간 번뜩이는 영감에서 기인하는 것이 아니라, 그동안 쌓인 지식들을 재조합하거나 재조명한 끝에 나오는 결과물이라는 사실을 유념해야 한다. 특히나 챗GPT 같은 인공지능의 활용도가 높아지고 있는 시대에서 우리에게 필요한 것은 답을 찾는 것보다 좋은 질문을 던지는 능력이고, 그 결과를 깊이 있게 이해하여 필요에 맞게 판단하고 활용할 수 있는 편집력이다. 대부분의 지식과 정보는 온라인에서 언제든지 확인할 수 있고, 필요한 정보를 쏙쏙 뽑아서 보기 좋게 정리까지 해 준다. 정제된 정보에 쓰임을 만드는 것이 인간의 몫이다.

이것이 인공지능 시대에도 학습의 중요성, 이른바 리서치Re-Search의 중요성이 결코 간과되어서는 안 되는 이유이기도 하다. 리서치는 말 그대로 '다시 찾는 것'과 '다시 보는 것'을 의미한다. 리서치를 통해 필요한 지식을 찾고, 문제 해결 방법과 가설에 대해 생각해 보는 것이다. 아울러 리서치에는 반복 작업이 필요하다. 이전의 문제 해결 방식을 반복적으로 수행하는 가운데 나의 근거와 주장을 차근히 다시 살펴보고 검토해 봐야 한다. 이러한 작업을 통해 주장과 근거를 분리하고 비판적 사고력을 기를 수 있다.

대부분의 지식과 정보는 온라인에서 언제든지 확인할 수 있고, 인공지능이 필요한 정보를 쏙쏙 뽑아서 보기 좋게 정리해 주기도 한다. 정제된 정보에 쓰임을 만드는 것이 인간의 몫이다. 인간은 문제를 어떻게 정의하고, 문제 해결을 위한 정보를 어떻게 파악하며 활용할지 고민해야 한다. 이른바 발견하는 힘, 알아내는 힘이라고 할 수 있는 리서치 능력이 더욱 중요해진 것이다. 일반적인 리서치의 단계는 다음과 같다.

문제 정의 : 문제를 정의하고 목표를 설정한다. 이 단계에서는 조사 범위와 목적을 명확히 하고, 질문을 설정하며 해결해야 할 문제나 도달하려는 목표를 명시한다.

문헌 조사 : 학술 논문, 책, 기사 등과 같은 관련 문헌을 조사한다. 이를 통해 문제에 대한 배경지식을 확보하고, 관련 이론을 파악한다.

연구 계획 및 설계 : 계획을 세우고, 연구 방법과 데이터 수집 방법을 결정한다. 이 단계에서는 연구 대상, 표본 크기, 설문지 설계, 데이터 수집 도구 등을 결정한다.

데이터 수집 : 계획에 따라 데이터를 수집한다. 설문 조사, 관찰, 인터뷰, 문서 분석 등 다양한 방법으로 이루어질 수 있다.

데이터 분석 및 결과 해석 : 수집된 데이터를 분석하여 연구 결과를 도출한다. 나아가 데이터를 기반으로 문제에 대한 결론을 도출한다.

특히 챗GPT와 같은 인공지능 기술을 리서치에 활용하면 더 빠르게 원하는 결과를 얻을 수 있으며, 여러 기업이 요구하는 문제 해결 역량을 향상시킬 수 있다. 지금까지는 답을 잘 외우고 정답을 잘 찾는 사람이 사회에서 유리한 고지를 선점할 수 있었다면, 이제는 효율적으로 리서치 할 수 있는 사람이 보다 빠르게 목표를 달성하고 필요한 역량을 펼칠 수 있다.

사실과 의견을 분류하고 쓰임이 있게 편집하라

리서치가 단순히 검색이나 조사의 영역이라고 생각할 수도 있겠지만, 주도적인 리서치를 통해 문제를 해결하는 힘은 단기간에 얻을 수 있는 능력이 아니다. 문해력은 기본이고 필요한 정보를 선택하여 융합적으로 편집하거나 적절한 활용법을 판단할 줄 알아야 한다. 이를 위해서는 기본적으로 꾸준한 독서 습관이 전제되어야 한다. 유대인들이 교육에서 첫 번째로 중요하게 강조하는 것은 바로 독서 교육이다. 두 번째는 의문을 품고 질문을 던지는 자세이며, 세 번째는 실패를 두려워하지 않는 태도다. 그리고 이 세 가지를 통합한 교육 방식이 바로 질문과 대화, 토론하는 방식의 공부법인 '하브루타'다.

하브루타는 정해진 질문에 답하는 것이 아니라 스스로 질문을 만들어 주고받고 이에 대해 토론하는 방식이기 때문에 주도적으로 생각하는 방법을 익힐 수 있는 좋은 방법이다. 쉽게는 책을 읽고 독서 토론을 하면서 꼬리에 꼬리를 무는 질문을 던져 다양한 키워드로 생각을 뻗어가게 하는 연습을 해 보는 것도 좋다. 우리나라에서 객관식보다는 '논술형' 시험을 도입하자는 목소리가 나오고 있는 것도 이와 같은 방향성이라고 볼 수 있다.

프랑스에서는 고등 교육과정 졸업 후 대학 진학을 위해 '바칼로레아'라는 시험을 치러야 한다. 우리나라의 수능대학시험과 비슷하지만 그 형식은 전혀 다르다. 객관식이 아니라 논술형 질문이 제시되고, 학생들은 그 질문에 대해 자신의 생각과 의견을 서술해야 한다. 재미있는 건 매년 바칼로레아 문제가 출시될 때마다 학생들뿐 아니라 많은 국민들이 그 질문이 공개되기를 기다린다는 점이다. 해당 질문에 대해 각자의 의견을 떠올리고, 주변 사람들과 토론하기 위해서다.

그저 옳고 그른 객관식 답을 고르는 것이 아니라 이와 같은 질문과 대화와 토론이 가능하려면 해당 분야에 한정되지 않은 넓은 배경지식이 필요하다. 구태의연하지만 배경지식의 폭을 넓히고 문제를 해결하는 힘을 기르는 데에 독서만 한 방법이 없다. 독서량이 적은 사람은 의견이 빈곤할 수밖에 없다. 주장에 대한 근거가 부족하고, 질문할 만한 요소를 폭넓게 탐색하기도 어렵다. 반면 다양한 독서를 하는 사람은 보다 즐겁고 유익하게 여러 가지 주제로 대화하고 토론한다. 한 주제를 여러 갈래로 펼쳐 내고 사안을 다양한 관점에서 바라볼 수 있기 때문에 뜻밖의 인사이트를 얻기도 한다. 독서를 통해 생각의 근육을 키우고 사고의 폭을 넓혀 갈 수 있는 것이다.

우리가 살아가면서 학교에서의 발표, 대학 입시를 위한 면접, 이후 직장 생활에 이르기까지 질문과 대화와 토론의 중요성은 아무리 강조해도 모자라지 않다. 많은 지식을 쌓는 것보다 더 중요한 것이 이를 어떻게 다루고 전달하는가 하는 부분이다. 특히 이때 사실과 의견을 적절히 구분할 줄 알아야 한다. 상대방의 말을 해석하는 것도 중요하지만 의사를 표명할 때도 마찬가지다. 사실을 의견으로 전달하거나 의견을 사실로 착각하면 건설적인 토론을 하기 어렵다. 사실과 의견을 다루는 방식은 달라야 한다. 사실에 대한 이견이 발생할 때에는 자료 조사를 통해 조정해 나갈 수 있다. 의견에 대한 정당성도 사실 및 리서치로 형성된 근거를 바탕으로 토론하면 된다. 이를 잘 구분하고 원활하게 소통할 수 있는 사람이 궁극적으로 비판적 사고를 잘하는 인재기도 하다.

그렇다면 수많은 정보 가운데 신뢰할 만한 내용은 어떻게 판별할 수 있을까? 챗GPT도 거짓말을 하는 만큼 인터넷상에서 쉽게 얻은 어떤 정보를 그대로 사실로 믿고 받아들이는 것은 위험하다. 특히 최근에는 현실과 구분하기 어려울 정도로 정교한 가짜 콘텐츠도 매우 쉽게 대량 생산되고 있다. 더 정확한 내용을 확보하고 생산적인 토론을 하기 위해서는 몇 가지 방안을 고려해 볼 수 있을 것이다.

첫째는 정보 자체의 품질이 보증된 학술 데이터베이스, 정부 및 교육 기관 웹사이트를 살펴보는 것이다. 둘째로는 정보의 일관성을 검증하는 것이다. 동일한 연구 주제에 대해 여러 논문이나 보고서를 읽어 보면, 그들의 결론이 얼마나 일관적인지 확인할 수 있다. 셋째로는 확증 편향을 주의하는 것이다. 특별히 매력적이거나 설득력 있게 들리는 데이터의 경우 내 취향에 맞는 데이터일 확률이 높기 때문에 경각심을 가지고 비판적으로 바라봐야 한다. 넷째로는 함께 검증하는 것이다. 신뢰할 만한 사람과의 대화로 해당 정보를 빠르게 검증해 보는 것도 방법이다. 특히 특정 분야 전문가인 경우, 그가 가진 통찰력을 바탕으로 빠르게 정보의 효과나 진위 여부를 검증하는 데 도움을 받을 수 있다.

우리는 넘쳐 나는 정보 중에서 유용한 정보를 선택하고, 이를 가치 창출로 연결하기 위해 보다 명철한 판단력을 바탕으로 이해하고 소화해 낼 수 있어야 한다. 부정확한 정보나 편향된 근거를 바탕으로 쌓아 올린 주장으로는 누구도 설득할 수 없다.

때로는 틀을 깨고 나가야 한다

2023년 4월, 59회 백상예술대상에서 예능작품상을 수상한 '피식대학' 팀이 수상 소감을 전했다.

"우리(피식대학)는 기존에 짜여 있는 판에 어울리지 못했고, 우리의 코미디를 하기 위해 우리만의 게임을 만들었다. 그렇기에 우리는 절대 위험을 감수하거나 벽을 부수거나 한계에 도전하는 걸 멈추지 않을 것이다."[27]

지상파 개그 프로그램들이 폐지된 후 많은 개그맨들이 생계의 위협에 처했을 때, 피식대학 멤버들은 틀을 깨는 질문을 던지고 유튜브 진출이라는 새로운 도전을 감행했다. 그리고 마침내 개그계 판도를 뒤흔들고 백상예술대상에서 수상의 영예까지 안았다.

우리는 살아가면서 익숙한 틀 속에 스스로를 가둘 때가 있다. 애초에 사고의 틀이 우리가 배우고 쌓아 온 상식이자 근거로 만들어진 것이기 때문에 그 안에서 생각하는 것이 편하고 자연스러운 것은 당연하다. 하지만 때로는 기존의 정보나 질서를 수용하는 것을 뛰어넘어 틀을 깨는 질문을 던질 필요가 있다. 틀을 깨고 다른 관점에서 바라보면 기존 질서를 뒤엎는 새로운 길을 모색할 수 있다.

과거 1400년대에는 모든 이들이 신이 지구를 창조했고 지구가 우주의 중심이라고 믿었다. 또 우주는 지구를 중심으로 조화를 이루고 있다 생각했고 그 누구도 의심하지 않았다. 눈으로 보기에도 태양과 달과 별이 도는 모습만 봐도 지구가 우주의 중심이라는 사실은 분명해 보였을 것이다. 그런데 니콜라우스 코페르니쿠스는 세상을 향해 질문을 던졌다. "왜 태양이 돌고 있는 것이 아니라 지구가 돌고 있다고 규정하는가?" 이 같은 코페르니쿠스의 질문은 케플러를 거쳐 근대 천문학의 시초가 되었다. 나아가 관찰, 가설 설정, 실험, 결과에 따른 가설 수정 및 검증이라는 과학적 방법론에 큰 영향을 미치기도 했다.

인류 최고의 천재라고 불리는 알베르트 아인슈타인도 보통 사람들이 궁금해 하지 않는 것들에 대해서 독특한 질문을 던지곤 했다. "빛의 속도로 달리면 빛은 어떻게 보일까?", "자유낙하를 하는 사람은 자신의 몸무게를 느낄 수 있을까?" 등 지금까지의 상식을 의심하는 질문이었다. 특히 "빛이나 다른 형태의 전자기파가 우주 공간을 이동할 때, 그 속도는 항상 동일한가?"라는 질문은 상대성 이론이라는 놀라운 아이디어의 시발점이 되었다.

일론 머스크 역시 무모한 질문을 던지기로 유명하다. 그의 질문은 항상 혁신의 원천이었다. "로켓을 재사용할 수 있을까?"라는 질문에는 그의 무한한 상상력과 모험적인 태도가 담겨 있었다. 이어 이 질문은 기존의 우주 탐사 방식에 대한 근본적인 도전으로 작용했다. 결국 이는 스페이스X의 Falcon 9 로켓 개발 및 성공적인 회수로 이어졌고, 우주여행의 비용을 크게 줄여 주는 획기적인 돌파구가 되기도 했다.

다수가 좇는 길이라고 해서 그게 유일한 길은 아니다. 기존의 길을 따라갈 수도 있지만 새로운 길을 내는 방법도 있다. 틀을 깨는 질문을 던지며 새로운 길을 모색해 보는 시도는 생각지 못한 놀라운 가치를 창출해 낼 수 있을지도 모른다. 그렇다면 틀을 깨는 질문은 어떻게 할 수 있을까? 기존의 틀에서 벗어나 혁신적인 질문을 던지는 데에는 아래와 같은 연습이 필요하다.

분야 간 연결 시도하기 : 스티브 잡스는 한 인터뷰에서 "혁신은 점들을 연결하는 것입니다. 다른 사람들이 보지 못하는 패턴을 보는 것입니다. 예술, 과학, 디자인, 인문학 사이의 점을 연결하는 것입니다."이라고 말했다.[28] 창의적인 질문을 하려는 목적으로 노력하는 것보다는 기존에 학습한 지식과 정보를 연결해 보고, 새로운 관점으로 바라보는 것에서 창의적인 발상이 시작된다는 사실을 기억해야 한다. 이런 효과를 '메디치 효과The Medici Effect'라고도 부른다.

가능한 모든 시나리오 탐색하기 : 다양한 방향의 가능성을 탐색하는 대표적인 방법 중 하나로 브레인스토밍이 있다. 브레인스토밍은 아이디어를 자유롭게 표현하도록 함으로써 다양한 해결책을 찾는 방법이다. 단 이는 정해져 있는 정답을 추구하기 위한 방법이 아니다. 상대방의 의견을 부정하거나 평가하지 않고 여러 측면에서 자유롭게 발산하다 보면 기존의 틀을 깨는 창의적인 관점에 도달할 수 있다.

의심하기 : 무엇이든지 그대로 받아들이지 않는 태도를 의미한다. 세상에 넘쳐 나는 정보를 있는 그대로 받아들이지 말고 '과연 그럴까?'라는 질문을 던지는 것에서부터 기존의 상식과 틀을 뛰어넘는 위대한 질문을 도출할 수 있다.

아무리 새롭고 좋은 아이디어라고 해도 결국은 익숙한 것이 된다. 우리는 끊임없이 틀을 깨고 나가서 자유롭게 사고해야 한다. 물론 모든 사람이 시대의 판도를 바꿔 놓는 게임 체인저가 되기 위해 노력할 필요는 없을지도 모른다. 하지만 기존의 틀에서 조금만 비집고 나와도 우리는 새로운 것을 발견할 수 있는 능력이 있다. 인공지능은 주어진 틀 안에서 사고하는 데에 유능하지만, 인간에게는 사고의 한계가 없다. 다행히 챗GPT는 사고를 넓히는 브레인스토밍을 도와주는 좋은 비서이기도 하다. 실제로 〈네이처〉에서 연구자 672명을 대상으로 조사한 결과, 연구 현장에서 챗GPT를 가장 많이 사용하는 분야는 브레인스토밍이었다.[29] 전체 응답자 중 27퍼센트가 생성형 AI를 연구 아이디어를 얻기 위해 활용한다고 답했다고 한다.

나의 전공 분야가 아니더라도 자연어로 질문하고 답변할 수 있는 챗GPT는 내 분야와 융합할 수 있는 다른 전문 분야에 대한 지식을 친절하게 설명해 준다. 이를 이용하면 자신이 속한 세계 바깥으로 시야를 넓혀 나가는 데에 도움이 될 것이다. 틀을 깨는 질문은 내가 속한 세계와 그렇지 않았던 세계, 바로 그 교집합 속에서도 등장할 수 있다. 우리는 이제 AI와 협업해야 하는 시대에 살고 있다. 더 많은 지식을 보유하는 것은 인공지능에게 맡기고, 우리는 자신의 전문 분야 외에도 정보의 폭넓은 이해와 활용을 통해 새롭고 창의적인 가치를 창출해 낼 수 있어야 한다.

'편집력을 갖춘 인재'는 리서치를 통해 문제를 정의하고 해결책을 도출할 수 있는 사람을 말한다. 일상에서도 문제를 많이 찾을 수 있겠지만, 학생들은 무엇보다도 학교 수업에서 제시받는 문제들도 많을 것이다. 모든 문제에 주의를 기울일 수 없더라도, 몇 가지 관심 있는 문제에 대해서는 아래와 같이 깊이 있게 참여해 보면 유용할 것이다.

1. 관심 있는 문제에 대해 2가지 이상의 해결책을 적극적으로 준비한다.
2. 각각의 해결책에 대한 장단점을 조사, 분석하고 실제로 해결을 위한 실천을 거듭한다.
3. 실천 과정 중 있었던 도전이나 어려움을 상세히 기록해 본다.
4. 다음 문제 정의에 도움이 될만한 자료를 정리한다.
5. 문제 해결 과정을 주변 사람들과 공유한다.

이 과정을 반복하면 자신만의 안목과 리서치 방식으로 문제를 해결하는 편집력을 갖춘 인재로 나아갈 수 있다.

☞ 실천편 활동지 ☜

관심 있는 문제에 대해 다양한 자료 조사를 하며 해결책을 도출해 보자.

1. 요즘 대두되는 사회 문제에 대한 자료를 찾아보고 내용을 정리해 보자.

키워드
환경·기후/ 중독(휴대폰, 마약 등) / 경제(물가 상승 등) / 가짜 뉴스 / 권리(인권, 동물권 등)

내용 정리

2. 정리한 사회 문제의 해결책을 도출한 후, 각 해결책의 장단점을 정리해 보자.

관심 있는 문제	
해결책 1	
장단점	장점:
	단점:
해결책 2	
장단점	장점:
	단점:

3. 자료를 조사하고 해결책을 생각하며 느낀 점을 적어 보자.

느낀 점

기록하는 인재가
되어라

글쓰기는 어디에나 쓰인다

중고등학교 시기까지는 혼자 열심히 하는 것만으로 대부분의 과제를 해결할 수 있지만, 대학 진학 이후부터는 협업을 통해서 해 나가야 하는 일들이 많아진다. 문제 정의, 가치 창출, 홍보 수단 활용 등 일련의 업무 과정에서 협업이 필수적이기 때문에 소통 능력은 매우 중요하다. 실제로 미래 인재에게 필요한 역량으로 빼놓지 않고 꼽히는 것이 상호 간의 의사소통 능력이다.

의사소통을 잘하기 위해서는 기본적으로 상대의 말에 귀를 기울이고 나의 의도를 정확하게 전달할 줄 알아야 한다. 의사소통을 '대화'의 영역이라고 한정해서 생각할 수도 있지만, 의외로 이러한 소통 역량에 큰 도움이 되는 것이 바로 '글쓰기'다. 자신의 의견을 전달하고 표현하는 글쓰기는 생각하고 소통하는 법과도 동일한 맥락에 있기 때문이다. 우리는 글을 쓰면서 자신의 생각을 점검하고 정리할 기회를 얻는다. 글쓰기를 통해 내 주장 혹은 생각의 중심이 무엇인지 파악하고 차근차근 정돈할 수 있는 것이다. 실제로 이메일, 메신저, 블로깅, 광고, 회의 등 다수의 소통에서 다양한 형태의 글쓰기가 활용되는 만큼 글쓰기 실력은 언제 어디서든 요긴하게 쓰인다.

글쓰기는 데이터 분석, 정보 창출, 정보 해석, 추론, 비판과 같은 상위 인지 능력을 통해 이루어진다. 따라서 글을 잘 쓴다는 것은 앞서 이야기한 비판적 사고와 같은 높은 지적 능력을 활용할 수 있다는 뜻이기도 하다. 글쓰기 능력을 갖춘 사람은 각종 데이터를 다루고 재해석하며 가치 창출을 하는 데에도 이미 기초 연습이 되어 있는 셈이다. 그래서 현 시대에 유리한 인재라 할 수 있다. 시대가 변하고 기술이 발전해도 글쓰기 능력은 여전히 우리에게 유용하며 중요하다.

좋은 글을 쓰기 위해서 화려한 문체와 어려운 단어를 익혀야 하는 것은 아니다. 글쓰기는 매일 운동을 하며 조금씩 근력을 키우듯이 아주 기초적인 단계부터 탄탄하게 실력을 쌓아 나가야 한다.

읽기
좋은 글을 읽어야 좋은 글을 쓸 수 있다. 꾸준한 독서는 지식을 쌓는 데 도움이 될 뿐 아니라 뇌의 인지 기능을 향상시킨다. 읽기는 스스로 생각하고 답을 찾아가는 과정의 시작인 동시에 하고 싶은 말의 재료를 쌓는 시간이다. 읽기는 우리에게 다양한 논지 전개 스타일, 문법, 구조에 노출시키며 쓰기 기술을 향상시켜 준다. 즉, 읽기는 우리에게 글쓰기 소재를 제공할 뿐만 아니라 어떻게 쓸 것인지도 가르쳐 준다.

말하려는 바를 명확히 하기
아는 지식이 많지 않고 지적 능력이 탁월하지 않아도, 내가 말하려는 바가 있고 그 내용에 집중해서 글을 쓴다면 괜찮은 글을 쓸 수 있다.

문법 지키기

인터넷 문화의 발달로 많은 이들이 글 작성 시 띄어쓰기와 맞춤법을 지키지 않는 경우가 많다. 그러나 문법 및 언어의 구조를 바르게 학습하고 활용하는 것은 효과적인 의사소통과 창조적 표현에 필수적이다. 말과 글은 상호 이해를 위한 약속이기 때문이다.

파블로 피카소는 "라파엘로처럼 그림을 그리기까지는 4년이 걸렸지만 어린아이처럼 그리는 데는 평생이 걸렸다."고 말했다. 피카소의 말은 우선 그리기의 기본을 숙지해야만 추상 미술과 같은 창의적인 예술을 할 수 있다는 것이다. 글쓰기도 이와 다르지 않다.

반복해서 쓰기

어떤 분야든 반복 수행은 반드시 실력 향상으로 이어진다. 글쓰기의 중요성을 인지하는 것만으로는 부족하다. 일기, 독후감, 영화 감상문 등을 매일 일정 분량 작성해 보기를 권한다. 글로 표현할 것을 의식하다 보면 관찰력이 발달하고, 일상에 대한 집중도가 증가할 수 있을 것이다. 쓰면 쓸수록 글 내용은 부드러워지고 작성 속도도 빨라진다.

최근에는 많은 학생이 긴 글을 잘 읽지 못한다고 한다. 당연히 자기 생각을 정리하거나 설득하는 글을 쓰는 것도 어려워하는 경향이 있다. 대학 진학률은 세계에서도 최상위에 속할 만큼 높은 반면 문해력은 현저히 낮다는 점이 사회적 문제로 지적되기도 한다. 실제로 최근에는 온라인상에서 '심심한 사과'를 '심심하다'로 오해하면서 논란이 벌어지는 일도 있었다. 요즘 잘 쓰이지 않는 어휘를 모를 수는 있지만, 맥락을 이해하고 분석하는 능력을 갖춘다면 극단적인 수준의 의사소통 문제가 발생하지는 않을 것이다.

문해력을 기르기 위해서 많이 읽고 내 생각을 직접 글로 정리해 보는 것은 가장 좋은 방법이다. 처음부터 완벽한 글을 쓸 수는 없으니 완벽하게 쓰려고 하기보다는 짧더라도 하나의 글을 맥락에 맞게 끝까지 마무리하는 연습부터 해 보기를 권한다.

AI 시대에 더욱 필요한 논리력

인공지능이 사람의 능력을 뛰어넘고 있는 시대다. 빠른 변화와 예측 불가능한 미래를 맞이하며 우리는 앞으로 역사적으로 한 번도 경험해 본 적 없는 문제들을 맞닥뜨리게 될 것이다. 이를 해결하기 위해서는 비판적 사고를 바탕으로 창의적 문제 해결 능력을 갖추는 것이 중요한데, 이때 합리적이고 이치에 맞는 사고를 할 수 있도록 이끄는 중요한 열쇠가 바로 논리력이다.

논리력은 자신의 생각이나 추론을 논리정연하게 풀어낼 수 있는 능력을 말한다. 어떤 새로운 문제를 마주했을 때 타당한 해결책을 찾아낼 수 있는 능력인 동시에, 머릿속의 생각을 명료하게 표현하여 의사 전달할 수 있게 하는 능력이기도 하다. 상대방에게 어떤 내용을 전달하고 싶은데 막상 입 밖으로 꺼내면 설명이 엉뚱하고 장황해지는 경우가 있다. 대화나 논쟁 중에 자신의 생각을 정확히 표현하지 못해서 뒤늦게 되뇌며 후회해 본 경험도 누구나 한 번쯤 있을 것이다.

자신이 하고자 하는 말을 간결하고 분명하게 전달하기

위해서는 논리력을 키우는 연습이 필요한데 좋은 방법 중의 하나가 바로 글쓰기다. 생각하는 것을 바로 말로 내뱉기 전에 시간을 들여 글로 천천히 정리해 보면 의사 전달의 중심 내용이 무엇인지, 또 그 내용이 합리적이고 상황에 맞는지 파악하는 데 도움이 된다. 유시민 작가는 "글쓰기는 문학 글쓰기와 논리 글쓰기가 있는데, 문학 글쓰기는 재능의 영향을 많이 받는다. 하지만 논리적인 글쓰기는 누구나 할 수 있다."라고 말했다. 연습을 통해서 누구든 잘할 수 있다는 것이다.

서론과 본론, 결론 갖추기

한 편의 글을 쓰려고 할 때 시작이 막막한 이유 중 하나는 자신이 하고자 하는 이야기가 막연하거나 추상적이기 때문이다. 첫 줄부터 마지막 줄까지 물 흐르듯 자연스럽게 글을 쓰는 것은 전문가들에게도 어려운 일이다. 꼭 담아야 하는 핵심 주제나 주장하고자 하는 말이 무엇인지, 시작과 마무리는 어떻게 할 것인지 단계적으로 구분하여 글의 구조를 갖추는 연습을 해 보는 것이 좋다. 또한 그 각각의 내용이 엉뚱한 곳으로 뻗어 나가지 않고 하나의 전체적인 맥락을 유지하는지 살펴보자. 그러다 보면 의도하는 내용이 빠짐 없이 표현될 수 있고, 앞뒤 맥락을 파악하는 눈을 기를 수 있다.

책이나 기사 요약해보기

책이나 기사 등을 읽고 나름대로 자신의 문장으로 요약해 보는 것은 독해력을 키우는 동시에 글의 핵심을 파악하는 좋은 연습이 된다. 어떤 주장이 어떤 근거로 뒷받침되고 있는지, 해당 글이 전달하려고 하는 중심 내용은 무엇이며 그 글이 어떤 흐름으로 구성되어 있는지 살펴보면서 중심 내용을 발췌하고 이를 나름의 문장으로 정리해 보자. 책을 읽고 짧게라도 독서 노트를 정리하는 것도 도움이 된다.

공감할 수 있는 글쓰기

논리력의 핵심은 궁극적으로 남을 설득할 수 있는 능력이다. 언뜻 논리적인 사고가 공감 능력과 상충한다고 생각할 수 있지만 논리는 결국 의사소통을 돕는 능력이고, 이를 위해서는 감성적인 공감도 필요하다. 공감은 상대의 신뢰를 이끌어 내고, 신뢰가 바탕이 되면 설득력은 더 올라간다. 글의 핵심이 되는 주제와 관련하여 누구나 경험해 봤을 법한 자신의 경험이나 사례를 제시해 보는 것도 좋다.

협업 과정에서 상호 간의 의사소통 능력도 중요하지만 더 나아가 남을 설득할 수 있는 능력을 갖출 수 있게 하는 게 바로 논리력이다. 자신의 생각을 체계적으로 정리하고 전달할 수 있다면 자연히 인간관계에서 자신감이 향상되고, 또한 이는 미래 인재로서 경쟁력을 갖추는 방법이기도 하다.

자기만의 이야기로 진로를 설계하라

생각 정리가 되지 않아 막막할 때 차근히 글을 써 보는 것은 큰 도움이 된다. 마치 문제집을 풀면서 오답 노트를 쓰고 부족한 부분을 확인하듯이 생각을 글로 정리해 보면 자신의 고민과 해결 방향이 더 명확하게 드러난다. 청소년기의 큰 고민 중 하나인 진로에 대해서도 막연히 떠올리기보다는 꾸준히 글을 쓰는 것을 추천한다. 자신의 상황을 객관적으로 돌아보고, 목표 달성을 위한 최적의 경로를 탐색하는 데에 도움이 될 것이다.

많은 사람이 현존하는 직업 중 다수가 미래에는 없어

질 것이라고 예측한다. 물론 그보다 더 많은 직업이 생겨날 것이라고 하지만 새로운 직업이 언제 어떻게 등장할지는 정확히 알 수 없다. 불확실의 시대에서 굳건하게 서 있을 수 있는 힘은 자신만의 이야기를 만들어 가는 것이다. 이는 어디서든 나를 어필할 수 있는 일종의 포트폴리오이자 길을 찾을 수 있는 네비게이션Navigation이 되어 줄 수 있다.

네비게이션은 라틴어 나위게레navigere에서 유래한 말로, 배Navis와 움직임, 항해Agere의 합성어다. 오늘날에는 GPS, 자동 항법 장치 등 최신 기술의 도움을 받아 최적의 경로로 항해를 할 수 있지만, 과거에는 망망대해에서 목적지로 나아가는 최적의 방향을 찾기 위해 모든 수단을 동원해야 했다. 끊임없이 이어지는 망망대해에서 새와 별과 태양의 위치를 파악하고, 나침반과 지도를 활용해 자신의 위치를 파악해야 했다. 목적지 도달을 위해 매일같이 항해 일지에 현재 위치를 작성하는 것은 매우 중요한 일이었다. 항해 일지에 누적된 항로 데이터를 통해 현재 위치를 파악할 수 있었기 때문이다.

우리는 지금 어디쯤 와 있는지, 내가 목표로 하는 지점까지는 얼마나 가까워졌는지 어떻게 알 수 있을까? 이때 기록이 필요하다. 매일 뭔가를 열심히 한 것 같은데도 막상 돌아보면 내가 지난 일주일, 1달, 1년 동안 무엇을 했는지 또 무엇을 목표로 했는지 안개처럼 뿌옇게 느껴질 때가 있다. 문제집 몇 페이지를 풀었거나 책 몇 페이지를 읽었더라도 이를 기록해 두면 그것이 눈에 보이는 나의 성취가 된다. 무기력하게 제자리에 머물러 있던 것이 아니라 한 걸음씩이라도 분명히 내딛었다는 증거가 되어 계속 나아갈 수 있는 동력이 되어 주고 자존감을 높여 줄 수 있다.

막연한 소망이나 무조건 열심히 한다는 마음만으로는 언제라도 길을 잃을 수 있다. 내가 항해한 노선을 기록하고 누적하여 체크해 간다면 목적지로 나아가기 위한 현실적인 방안을 도출하고, 필요한 과제를 보다 진지하게 수행할 수 있을 것이다. 심리학자 칼 융 Carl Jung 은 "당신이 할 것이라고 말하는 일이 아니라 당신이 하는 일이 당신이다. You are what you do, not what you say you'll do. "라고 말했다. 현재의 나를 만든 것은 과거 나의 행동이고, 오늘의 행동 없이 목표는 저절로 이루어지지 않는다는 의미다.

우리는 흔히 목표를 달성하지 못했을 때 '시간이 없었다', '바빴다'는 등의 핑계를 대기도 한다. 자신이 한 일을 정직하게 기록해 본다면 자신이 목표 달성을 위하여 얼마나 노력했는지 객관적으로 돌아볼 수 있다. 기록을 통해 생활 패턴, 학습 습관, 크고 작은 선택들이 실제 나의 목표를 달성하는 데 얼마나 유의미했는지 점검하고, 자신의 행동을 비판적인 관점에서 바라볼 수 있기 때문이다. 막상 살펴보면 목표 달성과 상관없는 무의미한 일에 생각보다 많은 시간을 보내고 있다는 걸 깨닫게 될 수도 있다. 이런 의미에서 기록은 목표를 달성하기 위한 최고의 도구이자 일상의 작은 승리를 경험하게 하는 자기효능감의 원천이 되어 준다.

삶의 주도권을 잡는 방법

지금처럼 불확실성이 큰 시대에 특히나 청소년들이 평온한 마음을 유지하는 것은 결코 쉬운 일이 아니다. 부모님이 알려 준 정해진 성공의 길을 걷는 게 공통 목표였던 과거와 달리 지금의 청소년들은 다들 저마다의 불안과 상처를 품고 각자의 불확실한 미래를 향해 나아가야 한다.

조벽 교수와 최성애 교수는 본인의 과거, 현재, 미래에 대해 절망적으로 생각하고, 부정적 상황을 예측하고, 절망하며 지레 포기하는 이들을 '정서적 흙수저'라고 표현했다.[30] 안타깝게도 우리나라 청소년들 가운데 내면에 병이 든 정서적 흙수저들이 나날이 증가하고 있는 듯하다.

이러한 정서적 불안과 아픔을 치유할 수 있는 방법은 무엇일까? 본질적인 해결책은 '문제에 직면하는 것'이다. 불안의 실체를 정확히 들여다보고, 자신을 상처 입히는 근본적인 요인이 무엇인지 발견해야 한다. 그 과정에서 힘을 발휘하는 것이 바로 글쓰기다. 글로 내 삶을 있는 그대로 표현해 보는 것이다. 글로 스스로를 설명할 수 있는 사람, 내 문제를 이야기할 수 있는 사람은 자기 인생의 어두운 면과 밝은 면을 보다 객관적으로 바라보며 자신만의 해석을 할 수 있게 된다. 또 자신을 둘러싼 상황이나 환경에 끌려가지 않고 삶을 이끄는 주인으로서 우뚝 설 수 있다.

물론 삶에서 새로운 경험과 정보는 지속적으로 수정

되거나 추가될 수 있다. 다만 중요한 건 자신의 이야기를 주체적인 시각으로 써 내려가는 행동을 멈추지 않는 것이다. 삶의 이야기를 관통하는 핵심 주제, 비전, 가치관, 소명 의식을 붙잡는 것이 중요하다. 삶에 대한 자신만의 이야기는 고통과 스트레스에 대한 회복력을 강화해 준다. 지난 삶에 대한 이야기를 잘 짜여진 서사로 바꾸고, 미래를 이 이야기의 연장으로 삼는 작업은 자기 개선에 대한 열망을 불러일으킨다. 또한 목표를 달성하기 위한 끈기와 추진력을 부여해 줄 것이다.

미국의 발달심리학자 댄 맥아담스Dan P. McAdams의 연구에 따르면, 스스로 의미 있는 삶을 살았다고 생각하는 사람들은 자신의 경험을 이해하고 해석하는 나름의 방식을 가지고 있다고 한다. 그 사람들은 과거의 나쁜 기억에서도 결국 긍정적인 의미를 끌어냈다. 예를 들어 어려운 환경 속에서 자란 한 남자는 친구가 죽어 가는 동안에 아무것도 할 수 없는 절망감을 느꼈지만, 그 경험으로 인해 예전에 포기했던 간호사라는 꿈을 다시 꿀 수 있었다고 이야기했다. 맥아담스는 인생의 이야기를 긍정적으로 써 내려가는 사람들이 목표를 더 잘 달성하고, 실패에서 교훈을 얻고, 덜 우울한 경향을 보인다고 밝혔다.

사람들은 저마다의 상황을 두고 나름 해석을 부여한다. 이때 자칫 편향된 시각을 갖거나 부정확한 의미에 치우치다 보면 세상을 명료하고 또렷하게 바라보고 판단하기 어렵다. 자기만의 긍정적인 인생 이야기를 쓰는 것은 객관적인 시각에서 나를 이해하는 것에서 시작한다. 어떤 일이나 가치관에 대한 해석이 우리의 삶을 지배한다는 것을 알고 있을 때 비로소 이 해석을 활용해 삶의 방향과 모습을 결정할 수 있다.

다시 말해서 이는 메타 인지를 높이는 데에도 도움이 된다. 메타 인지는 어떤 문제를 인식하고 해결하는 과정에서 자기 자신을 정확하게 이해하고 통제할 수 있는 능력이다. 그저 감정을 느끼는 데에 그치는 것이 아니라 마치 제삼자가 보듯이 자기 자신이 그 감정을 느끼고 있다는 사실을 인지하는 것이다. 실제로 어떤 분야에서 뛰어나게 두각을 보이는 사람들은 대체로 메타 인지 능력이 뛰어난 경우가 많다. 자신에 대해 객관적으로 파악하고 있어서 보다 정확한 전략을 세울 수 있고, 설령 부정적인 감정에 빠지더라도 그 원인을 파악하고 통제할 수 있기 때문이다.

글을 쓴다는 것은 삶에 대한 해석의 주도권을 갖는 것이다. 삶의 주도권을 가진 사람은 변화의 폭이 큰 사회 속에서도 흔들리지 않을 수 있다. 글로 정직하게 자신을 표현하며 고요한 마음을 유지해 보길 바란다.

'기록하는 인재'는 꾸준히 쓰는 사람이다. 글을 잘 쓰는 데는 왕도가 없다. 어떻게든 글 쓰는 시간을 확보하고 매일 어떤 내용이라도 쓰는 것이 핵심이다. 무엇을 써야 할지 모르겠다면 일단 좋은 글을 베껴 쓰는 것부터 시작할 수도 있다. 책을 읽다가 인상 깊은 부분이 나오면 한 문단 정도를 똑같이 써 보는 것이다. 그러다 모르는 단어가 나오면 사전을 찾아본다. 매일 이 작업을 반복하다가 써 보고 싶은 주제가 생기면 그때 자신의 글을 쓰면 된다. 기왕이면 자신만 볼 수 있는 공간에 쓰기 보다는 SNS나 블로그에 작성하는 것도 좋다. 다른 사람들이 내 글을 보고 반응할 때, 더 쓰고 싶은 의욕이 생기기 때문이다. 일단 글 쓰는 시도를 해 보는 것이 잘 쓰는 첫 걸음이다.

☞ 실천편 활동지 ✍

> 좋은 문장 따라 쓰기, 모르는 단어 뜻 찾기, 내 글 쓰기를 하며
> 꾸준히 글 쓰는 습관을 길러 보자.

1. 좋아하는 책의 문장이나 아래 예시 문장을 따라 써 보자.

예시 문장

1. 말을 바꾸면 생각이 바뀐다. 말은 나의 정체성이다. 평소에 습관처럼 말하는 것들은 전부 나의 잠재의식에서 나오는 것들이다. '나는 공부를 잘 못해', '나는 노력해도 안 돼'라고 말하는 순간 잠재의식은 그 말을 그대로 받아들인다. 반대로, 내가 아직 공부를 잘하지 못해도 '나는 공부를 잘하는 사람이야', '나는 해낼 거야' 같은 말을 하면 잠재의식은 내가 공부를 잘하는 사람이라고 인식한다. 우리는 자신을 인식한 대로 행동할 것이다.
_p.197_《꼴등, 1년 만에 전교 1등 되다》

2. 자신을 속이지 않는 노력을 한 사람은 '어제의 나'를 뛰어넘는 것은 물론, 자신의 한계에 계속 도전한다. 정신력, 체력, 집중력 모두 공부에 쏟아 내 보자. 아무것도 남지 않을 때까지 쏟아 내면 분명 한계를 넘을 수 있다. 한계는 한 게 없는 사람들의 핑계다. 한 것이 없으니 거기까지가 한계인 것이다. 한계라고 정해 놓은 순간 성장도 따라 멈춘다. 나의 잠재력을 믿어 보자.
_p.237_《꼴등, 1년 만에 전교 1등 되다》

좋은 문장 따라 쓰기

176

2. 모르는 단어의 뜻을 찾아 써 보자.

모르는 단어 뜻 찾기	
단어	뜻

3. 나만의 글을 써 보자.

내 글 써 보기

함께하고 싶은 인재가 되어라

당연한 것에 소홀해지지 마라

앞으로 어떤 상황에서도 경쟁력을 가질 수 있는 탁월한 역량을 지니는 것은 매우 중요하다. 그러나 남다른 능력과 앞서가는 실력을 갖추었다 하더라도 인성이 뒷받침되지 않으면 목표를 이루거나 사회에 기여하고자 할 때 그 능력이 무의미할 것이다. 원하는 목표에 다다르기 위해서는 결국 '함께하고 싶은 인재'가 되어야 한다. 혼자서 뛰어난 가치를 창출하기는 어렵다. 특히 4차 산업혁명 사회, 사업 및 서비스 규모가 확장됨에 따라 학업과 비즈니스 영역에서 소통의 중요성 또한 점차 커지고 있는 추세다.

2007년 〈사이언스〉는 노스웨스턴대학교의 스테판 부키Stefan Wuchty와 캘러그 경영 대학원의 벤자민 존스Benjamin F. Jones는 'The Increasing Dominance of Teams in Production of Knowledge'라는 연구를 소개했다. 연구 결과에 따르면 지난 50년간 모든 학술 분야에서 팀 연구 비중이 늘어나고 있고, 규모가 큰 팀에서 수행한 연구일수록 인용된 사례가 더 많아지고 있다고 한다. 특히 과학 및 공학 분야에서는 팀 연구 논문이 개인 연구 논문에 비해 인용되는 비율이 훨씬 더 높았다.

미국 필립스 엑서터 아카데미 고등학교는 졸업생들이 아이비리그 명문 대학에 많이 진학하는 것으로 유명하다. 이 학교에서는 "이곳에서 배운 것을 자신뿐 아니라 타인을 위해 써라."라는 교훈을 내세우고 있다. 설립자 존 필립스John Phillips 또한 이렇게 말했다.

"교사의 가장 큰 책임은 학생들의 마음과 도덕성에 주의를 기울이는 것이다. 지식 없는 선함은 약하고, 선함이 없는 지식은 위험하다. 이 두 가지를 합쳐서 고귀한 인품을 이룰 때 인류에 도움이 되는 토대가 될 수 있다."

우리나라 대학 입시 전형에서도 평가 항목에 인성을 반영하고 있다. 건국대학교, 경희대학교, 연세대학교, 중앙대학교, 한국외국어대학교는 수시 학생부종합전형의 '공동체 역량' 평가 요소로 '나눔과 배려', '성실성과 규칙 준수' 등의 항목을 언급하고 있다. 글로벌 기업인 구글에서는 신입 사원을 채용할 때 겸손한 자세를 중요하게 여긴다고 한다. 실무적인 역량과 큰 관계가 없을 것 같은 겸손함을 왜 보는 것일까? 바로 겸손한 사람은 자신의 주장만 관철하는 것이 아니라 타인의 더 좋은 아이디어를 받아들일 수 있는 사람이라고 보기 때문이다. 우리나라의 대학뿐 아니라 여러 기업에서도 취업 과정 중에 인성 검사를 시행하는 것을 보면, 좋은 인성을 가진 사람과 함께하고 싶은 것은 모든 이들의 고민이자 바람이라는 사실은 의심할 여지가 없을 듯하다.

그렇다면 모든 자질의 근간이 되는 인성은 어떻게 개발할 수 있는 것일까? 《10년 후, 우리 아이의 직업이 사라진다》를 저술한 후지하라 가즈히로_{藤原 和博}는 교육 개혁으로 명망을 얻은 중학교 교장으로서 인성의 중요성을 이야기하며 특히 '진정성'을 강조했다. 그는 눈앞에 있는 사람을 진지하게 대하는 것이 인성을 개발하는 유일한 방법이라고 주장했다. '어딘가에 있는 타인이나 큰 사회가 아니라 눈앞에 있는 한 사람을 만족시킬 수 있는가'가 관건이다. 한 사람에게 친절하지 못한 사람이 사회를 변화시키는 것은 불가능할 것이라는 이야기다.

가즈히로는 이에 따른 구체적인 방법으로 인사를 잘하는 일, 약속을 지키는 일, 다른 사람의 이야기를 잘 들어주는 일을 꼽았다. 물론 초등학교 도덕책에나 나올 법한 너무나 기본적이고 뻔한 이야기다. 그러나 이 세 가지 덕목이 그가 재직한 학교의 학생 지도 기본 방침이기도 하다. 그만큼 중요하고 지속적으로 훈련이 필요하다고 보는 것이다.

살면서 너무 당연하기 때문에 소홀해지는 부분들이 있다. 가정, 동아리나 학교, 일상 친구 관계 속에서 이러한 기본적인 덕목을 잘 지키고 있는지 한 번쯤 돌아보는 것이 어떨까. 인사를 잘하고, 약속을 잘 지키고, 다른 사람의 이야기를 잘 들어 주는 것만으로도 주변 사람들의 신뢰를 얻을 수 있다. 신뢰할 만한 사람에게는 많은 사람들이 호감을 가지며, 또한 함께할 수 있는 사람들이 많다면 서로의 장점과 역량으로 시너지를 발휘할 수도 있다. 단시간에 마음을 얻기는 어렵지만, 한번 쌓은 신용은 쉽게 허물어지지 않는 법이다. 다른 사람에게 베푼 친절이 우리를 꿈에 한 발짝 더 다가가게 할지도 모른다.

공유는 혁신의 원천이다

우리나라는 어릴 때부터 경쟁을 중요시하다 보니 주변에 있는 친구나 동료들을 경쟁자로 인식하게 되는 경향이 있다. 학교에서 시험 점수를 받아 와도 몇 점인지보다는 '친구는 몇 점 받았니?'를 묻고 비교하다 보니 각자 혼자만의 외로운 싸움을 할 수밖에 없다. 취업 후에도 동료들과 공동 프로젝트를 진행해야 할 때 다른 사람이 돋보이는 것을 경계하거나 아예 손을 놓고 무임승차하는 경우가 생긴다.

그러나 인공지능이 고도로 발달한 사회에서는 답을 찾

는 역량이 아닌, 답을 만드는 역량을 발휘해야 하는 '모두가 함께 생각하며 최고의 대안을 찾는 공부법'을 익혀야 한다. 이제는 답을 알고 있는 사람이 아니라 함께 답을 만들어 가는 사람이 필요한 사회가 되었다. '지금 이 시점'에 '우리에게' 가장 필요한 답을 찾는 가운데 숨겨야 할 정보는 없다고 봐야 한다. 이미 모든 정보가 오픈되어 있기 때문에 팀원들과 많은 것을 공유할수록 생산적인 결론에 이를 수 있을 뿐만 아니라 자기 발전도 해나갈 수 있다. 더구나 이제는 평생직장을 다니는 시대가 아니기에 앞으로는 수많은 형태의 조직에 소속되며 살아갈 것이다. 이에 협업 능력이 뛰어난 인재는 어디에서나 환영받을 수밖에 없다.

미국 경제 전문지 〈포춘〉에서 조사한 '가장 일하기 좋은 기업' 1위로 선정된 이력이 있는 세일즈포스의 CEO 마크 베니오프Marc Benioff는 "훌륭한 회사를 만들고 싶다면 직원들의 파트너가 되어야 한다."고 말했다. 그는 최고 경영진들의 연례 회의를 사내 매신저를 통해 전 직원에게 공개했다. 소수 경영진만이 아니라 모든 직원들이 회의를 지켜보고 또한 실시간으로 의견을 전달할 수 있도록 한 것이다. 회사의 중요한 정보를 경영진뿐 아니라 직원들에게 공유함으로써 직원들은 회사의 비전과 미션을 면밀히 이해할 수 있었고, 또한 가치 창출에 더욱 몰입할 수 있게 하는 효과도 있었다.

이미 여러 선진국에서는 정해진 답을 맞추며 경쟁하는 방식이 아닌, 서로 의견을 나누며 학습하는 '상호학습 Peer Teaching' 방식의 교육 정책이 시행되고 있다. 가르치는 역할을 맡은 학생들은 자신이 쌓은 지식을 동료에게 가르쳐 주면서 자기 수준을 점검하고 지식을 체계화하는 과정을 경험한다. 배우는 학생 입장에서는 동료가 비슷한 눈높이에서 설명해 주니 더 쉽게 이해할 수 있을 것이다. 선진국들은 '거꾸로 학습 Flipped learning'이라는 교육 방식도 널리 활용하고 있다. 집에서 먼저 동영상 등 일방향 콘텐츠를 통해 학습 내용을 익히고, 교실에서는 해당 내용을 주제로 친구들과 토론하면서 더욱 깊이 있게 지식을 쌓아가는 방식이다.

개발자들의 경우에는 지금도 지식을 공유하는 문화가 보편적이다. 코딩을 하다가 복잡하거나 어려운 문제에 직면하면 스택 오버 플로우 Stack Overflow와 같은 커뮤니티에서 묻고 답하며 해결책을 찾고, 이미 해결한 문제는 블로그에 정리하며 내용을 공유하는 식이다. 개발 중 불편한 점이 발생하면 오픈소스 프로그램을 만들어서 무료로 배포하기도 하고, 자신이 만든 웹서비스 코드를 다른 개발자들에게 가감 없이 공유하고 피드백을 요청한다. 자신의 재능과 정보를 적극적으로 공유한 개발자일수록 취업에 유리하고, 개발자 사회에서 대우를 받게 된다.

대학과 기업 간의 협업이나 전공 간의 벽을 넘은 협업의 중요성도 높아지고 있다. 예전에는 기업이나 공동의 프로젝트에서 각자의 부서와 직급에 따라 주어진 역할만 수행하면 된다고 생각했지만, 이제는 자신의 역할을 잘 수행하면서도 좋은 아이디어가 있다면 언제든 능동적으로 제시하고 협업할 줄 아는 인재가 더 많은 기회를 얻게 될 것이다.

후지하라 가즈히로는 《진짜 공부》라는 저서를 통해 프레젠테이션 능력을 강조했다. 문제 해결을 위해 내가 설정한 가설과 주장, 주장을 뒷받침하는 근거를 여러 사람들과 공유하며 검증하라는 것이다. 나만 알고 있는 정보는 더 이상 큰 의미로 확장되지 못한다. 여러 정보를 짜임새 있게 구성하고, 답을 도출하고, 설득력 있게 전달하는 과정이 중요하다. 프레젠테이션에는 지금까지 우리가 살펴본 모든 역량이 요구된다. 열정, 정보 편집 능력, 비판적 사고력, 글쓰기 실력, 커뮤니케이션 능력 등이 전반적으로 필요한 일이다. 프레젠테이션을 거듭하며 우리는 이와 같은 역량이 고루 발달하는 경험을 할 수 있다.

이제 공유하는 것을 손해 보는 일이라고 생각해서는 안 된다. 공유는 새로운 아이디어와 통찰을 만드는 혁신의 원천이 될 수 있다. 공유를 통해 우리는 더 큰 가치를 만들 수 있고, 타인에게 도움을 주었다는 측면에서의 보람은 덤이다.

협력적인 인재가 경쟁력을 갖는다

조직에서 다른 사람과 협력하여 일하는 것을 매우 까다롭고 어려운 일로 느끼는 사람들이 많을 것이다. 학창 시절의 조별 과제부터 하나의 목표를 위해 다양한 의견을 모으는 과정에서 논쟁이 발생하거나 혹은 이탈하는 사람이 생기는 경우를 흔히 겪는다. 하지만 협업할 수 있는 능력은 미래에 더욱 중요한 핵심 역량이며, 협력하는 능력을 넘어 협력적 리더십을 갖추는 사람이 조직 내에서 더 강력한 경쟁력을 갖추게 될 것이다.

인공지능의 발달은 사람이 할 수밖에 없었던 단순하고 반복적인 작업들을 대부분 대체할 수 있다. 이제는 무작정 스펙을 높이는 것만으로는 인공지능과의 경쟁에서 살아남을 수 없다는 뜻이다. 대신 우리는 사람만이 할 수 있는 좀 더 창의적이고 생산적인 작업에 집중할 수 있게 될 것이다. 인공지능도 사람의 창의적인 활동에 도움을 줄 수 있지만, 인공지능을 활용하되 사람들의 역량을 융합하고 집단적 창의성을 발휘하기 위해서는 협력적 역량을 갖춘 리더의 역할은 더욱 중요해진다. 미래에는 더 복잡한 문제가 등장할 것이고, 이를 해결하기 위해서는 소수의 경영진이나 단 한 명의 천재가 아니라 서로 다른 의견과 관점을 가진 다양한 사람들과 소통하는 과정이 필수적이다.

나아가 미래에는 더 다양한 형태의 직업과 일터가 등장하게 될 것이다. 심지어 국경을 넘어 원격으로, 모국어가 아닌 언어로 일하는 직원들이 생길 수도 있다. 변화를 거부하거나 소통하려 하지 않는 리더는 다양한 구성원을 포용할 수 없을 뿐 아니라 공동의 가치와 성과를 추구하기 위해 구성원이 역량을 발휘하도록 이끌기도 어려울 것이다.

전통적으로 리더십은 주로 공동의 목표 달성을 위해서 소수의 경영진이나 리더가 주도적으로 이끌고 하향식으로 결정을 내리는 형태를 뜻했다. 하지만 인공지능 시대에는 좋은 리더십의 개념에도 변화가 일어나고 있다. 흔히 앞으로는 직무에 따른 역량을 뜻하는 하드 스킬보다 인간 관계나 커뮤니케이션과 관련된 소프트 스킬의 중요성이 더욱 높아질 것이라고 전망한다. 동료들과 원활하게 커뮤니케이션하고, 집단적으로 문제를 해결할 수 있는 능력을 갖춘 인재가 좋은 리더십을 발휘할 수 있다고 보는 것이다. 앞으로는 다양한 역량과 창의력을 가진 인재들과 함께 일할 때 이들을 한데 모으는 동시에 다양성을 인정하는 리더의 역량이 필요하다.

협력적 리더십을 키우기 위해 가장 중요한 요소는 다른 사람의 의견을 잘 듣는 것이다. 열린 태도로 경청하는 것을 바탕으로 각자의 의견을 연결하거나 융합하여 해결책을 찾아갈 수 있어야 한다. 또 개개인이 자신의 역량에 효용성을 느끼고 동기 부여를 할 수 있도록 적절한 역할 배분을 하는 것도 중요하다. 이때 공동의 목표는 하향식으로 지시하는 것이 아니라 각자가 공감할 수 있는 지점을 찾고 공유해야 한다. 구성원 모두가 전사적인 시야를 바탕으로 일정 권한과 책임을 지닌 채 어떤 비전을 공유할 때, 우리는 빛나는 아이디어와 혁신에 한 걸음 가까워지게 될 것이다.

현재로서는 이러한 협업 능력이나 프로젝트에 대한 충분한 평가 시스템이 갖춰져 있지 않다 보니, 인공지능 시대에 사람이 갖춰야 하는 협력적 역량이 다소 소홀히 여겨지는 경향이 있다. 하지만 앞으로는 교육의 변화를 통해서도 미래 인재의 핵심 역량을 강화하는 노력이 필요할 것이라고 본다.

인공지능 시대를 살아가는 인재의 가장 강력한 무기

스위스 철학자 장 자크 루소 Jean -Jacques Rousseau는 "교육의 목적은 기계를 만드는 것이 아니라 인간을 만드는 데 있다."고 말했다. 인공지능과 함께 일하는 시대에 인간을 더욱 인간답게 하는 요소는 말할 것도 없이 진심 어린 소통과 공감 능력이다. 기계처럼 실수 없이 일 잘하는 인재가 아니라, 인간만이 가질 수 있는 역량을 지닌 인재가 필요한 시대다.

바야흐로 많은 기업들이 인공지능과 더불어 빠른 시간에 효율적인 방법으로 업무를 처리할 수 있게 되었다. 기술의 발달은 생산성의 증대로 이어졌다. 그럼에도 불구하고 왜 기업들은 여전히 공감과 소통 능력을 갖춘 인재를 찾고 있는 것일까? 인공지능의 도움을 받더라도 결국 사람이 일을 주도하고 끝마쳐야 하기 때문이다. 인공지능은 사람의 결정에 영향을 미치는 감정, 가치관, 상황적 맥락 등을 이해할 수 없다. 오직 사람만이 공감하고 소통하며 상호 영향을 주고받는 과정을 수행할 수 있다.

원만한 소통을 위해서는 공감 능력을 갖추는 것이 무

엇보다 중요하다. 공감이란 '타인의 눈을 통해 세상이 보이는 방식을 상상하는 능력'을 말한다. 상대방의 입장에 서서 그가 보는 것과 느끼는 것을 함께 보고 느끼는 것이다. 미래학자 제러미 리프킨은 인간을 공감의 동물, '호모 엠파티쿠스Homo empathicus'라고 칭하며 인간은 선천적으로 타인의 행동을 온몸으로 이해하는 능력을 갖추었다고 강조하기도 했다. 거대한 데이터와 복잡한 알고리즘의 계산을 통해 결론을 도출하지 않아도, 우리는 상대방의 감정과 고통을 그대로 느낄 수 있다.

지금까지 사회에서는 감정적인 능력보다는 이성적인 판단 능력이나 지적인 능력이 높게 평가됐기 때문에 감정적인 능력은 오히려 폄하되기도 했다. 하지만 인공지능의 도움을 받는다고 해도 결국 문제를 제기하고 해결하며 결정해 나가는 것은 인간이기 때문에 그 관계를 훌륭하게 다룰 수 있는 인재가 앞으로는 더욱 인정받을 것이다. 공감도 이제는 '능력'이자 가장 강력한 '무기'이다.

심리학자 대니엘 골먼Daniel Goldman은 '앞으로의 사회에서는 상대의 이야기를 잘 들어 주고, 공감 능력이 뛰어나며 서로 배려할 수 있는 사람'이 성공 가능성이 높아질 것이라며 사회 지능 지수 Social Quotient 라는 개념을 처음 제시했다. 사회 지능이란 타인의 내적 상태를 느끼고 이해하며 복잡한 사회적 상황에 참여하는 데까지 나아가는 사회적 자각을 바탕으로 원활한 상호작용을 구축하는 사회적 능력을 포괄하는 용어다. 사회 지능은 10대들에게도 필요한 역량이다. 아무리 탁월한 능력을 갖추고 있더라도 사회 지능이 부족하면 성공의 기회를 놓칠 수 있다. 반면 사회 지능이 뛰어난 사람은 문제를 정의하고, 해결 방안을 도출할 수 있을 것이다.

2012년 장대익 교수는 인간이 공감이 가능한 이유로 "우리 뇌에는 '공감의 뇌'라고 불리는 거울 뉴런 mirror neurons 회로가 있기 때문"이라며 "거울 뉴런은 우리가 누군가의 무엇에 공감할 때, 그리고 누군가의 무엇을 따라 할 때 타인의 상황이나 정서에 대한 인식에 토대하여 타인과 함께 느끼고 경험하여 공감대를 형성한다."고 말했다. 인간에게는 기본적으로 공감 능력이 있다는 뜻이다. 이미 가지고 있는 능력을 깨워 자꾸 훈련하고 습관화하기만 하면 된다.

오늘도 많은 젊은이들이 큰 꿈을 품고 여러 문제를 해

결하기 위해 도전하고 있다. 그렇지만 일을 완수하기가 쉽지만은 않다. 한번 상상해 보자. 만약 어떤 일을 하려고 했는데 일의 규모가 당초 예상했던 바와 다르고, 지인들의 반응도 시큰둥하다면 어떻게 하겠는가? 시간은 부족한데 결과물도 만족스러울 것 같지 않아 팀원들 사이에 부정적인 감정도 확산되고 있다면, 어떤 행동을 취하겠는가?

이때 포기하지 말고 끝까지 공감하며 협력해 보는 경험을 하기를 바란다. 즉 다른 의견을 경청하고 상황을 파악하고 문제를 해결해 보는 것이다. 협력은 결국 관계에 기반하는데, 그 관계를 만드는 것은 공감에서 시작된다. 머리가 아니라 가슴으로 인공지능과 사람을 연결하고, 또 사람과 사람을 연결하는 일은 미래 사회에서 가장 높은 가치를 지니는 미래 인재의 필수 역량이다.

공감 empathy 의 어원은 그리스어 'empatheia'에서 유래했는데 '타인의 감정, 열정, 고통과 함께한다'는 의미를 가지고 있다. 공감 능력을 바탕으로 사회 지능을 높이고, 목표를 달성하는 경험을 통해 인공지능 시대의 진정한 미래 인재가 되기를 진심으로 응원한다.

'함께하고 싶은 인재'는 친절한 태도로 자신의 것을 공유하는 사람이다. 학생 시절에 이처럼 함께하고 싶은 인재가 될 수 있는 쉬운 방법은 '공부한 내용을 모르는 친구에게 알려주는 것'이다. "사람은 가르치며 배운다."는 격언이 있듯이, 가르치고 배우는 과정에서 더 많은 것을 누리는 사람은 실상 가르치는 사람 쪽이다. 상대방의 눈높이에서 그를 이해하며 가르치는 행위는 내 지식을 탄탄하게 할 뿐만 아니라 태도 면에서도 성숙함에 이르게 한다. 지식만으로는 효과적으로 가르칠 수 없고, 태도만으로는 지식을 전할 수 없는 법이다. 상대의 질문에 공감으로 반응하고 상대가 문제 해결을 위해 어떤 노력을 기울였는지 묻고 답하는 과정을 거치다 보면, 서로 신뢰가 쌓이며 효과적인 해결책을 제시할 수 있게 될 것이다.

☞ 실천편 활동지 ☜

활동지를 하면서 새로 알게 된 내용을 제삼자에게 알려 주며
협력하는 태도를 키워 보자.

이름	
새로 알게 된 내용	
내가 알려 준 내용	
느낌 점	상대방이 느낀 점

196

이름

새로 알게 된 내용

내가 알려 준 내용

느낀 점	상대방이 느낀 점

학생 개개인의 진로를 응원하는 코치

10명이 한 방향으로 달리는 경기를 한다면 자연히 1등부터 10등까지의 등수가 정해질 것이다. 잘하는 사람과 못하는 사람이 나뉘고, 누군가는 상을 받고 누군가는 빈손으로 돌아가게 된다. 지금까지 우리나라는 이처럼 정해진 방향대로 달리기를 시키고, 잘 달리는 학생을 선발하는 방식으로 교육해 왔다.

'메이저맵'은 모두가 한 방향이 아니라 각자의 방향으로 달려야 한다고 생각한다. 10명이 10가지 방향으로 최선을 다해 달려갈 때, 개인이 행복한 것은 물론이고 한국 사회의 위기를 헤쳐 나가며 제2의 한국식 산업혁명도 가능할 것이라 본다. 메이저맵은 입시가 지상최대의 과제처럼 비춰지는 한국 사회에서 '비교하는 교육'이 아니라 '응원하는 교육'을 실현하기 위해 노력하고 있다. 어떤 사람들은 우리를 일컬어 입시 회사라고 하고, 어떤 사람들은 진로 관련 회사라고 하고, 또 다른 일부는 인공지능 IT 회사라고 칭하기도 한다.

메이저맵은 코치 Coach 다.

프랑스어로 '마차'라는 뜻을 가진 단어 'coche'를 어원으로 하는 코치는 1830년 영국 옥스포드 대학에서 유래되었다. 코치는 학생들을 시험장까지 운반하는 마차였고, 학생들이 시험을 통과할 수 있도록 '목표 지점까지 운반하는 개인 교사'를 뜻하는 은어이기도 했다. 우리는 모든 학생들이 각자의 진로 목표를 세우고, 그 목적지에 도달할 수 있도록 인공지능을 비롯한 IT 기술을 활용하여 학생들을 '코치'하는 역할을 하고 있다.

2025년 고교학점제 전면 시행으로 이제 진로와 입시는 동전의 양면과도 같은 관계가 되었다. 지금까지는 입시와 진로는 구분된 개념이었고, 개인이 원하는 진로보다는 일단 좋은 대학에 들어가는 것이 교육의 목표였다. 그러나 이제 학생들은 명확한 진로 목표를 바탕으로 과목을 선택해야 한다. 학업 성취의 목표는 대입이 아니라 진로 목표의 달성이 되었다. 이제는 정해진 방향으로 잘 달리는 학생이 아니라 명확한 방향으로 꾸준히 달리는 학생이 목표를 달성하는 시대가 다가온 것이다.

메이저맵은 다음과 같은 가치를 제공하고 있다.

학생들의 선호도 및 잠재 역량을 진단
선호도/역량에 맞는 직업과 학과를 탐색을 통한 진로 목표 수립
목표를 달성하기 위한 학업 로드맵 설계
학생들의 학습 데이터를 기록/분석

나아가 개개인이 모두 진로 목표를 달성하기까지 지원하는 진로 진학 플랫폼으로 발전할 포부를 가지고 있다.

메이저맵은 우리 학생들이 4차 산업혁명, 더 나아가 생성형 인공지능 시대에 살아남을 수 있는 인재로 성장할 수 있도록 최선을 다할 것이다. 학생들이 저마다 정답

을 찾는 인재가 아닌 정답을 제안하는 인재, 기준을 따르는 사람이 아닌 기준을 세우는 사람으로 우뚝 서 스스로 행복한 삶을 살 뿐만 아니라 우리 사회에서 새로운 산업 혁명을 일으키기를 간절히 바라는 마음이다.

미래 교육은 '가르치는 사람' 중심이 아니라 '학생 중심'이 되어야 한다. 모두가 한 방향으로 달려가는 교육이 아니라, 각자의 방향으로 달려가는 교육이어야 한다. 이 책이 질문하는 인간으로 성장하기 위해 첫 질문을 던지는, 성장의 마중물 역할을 할 수 있기를 기원한다.

1. 메이저맵 직업 검색 기능을 활용하여 활동지를 작성하고 관심 있는 직업을 탐색해 보자.

직업 이름

무슨 일을 하나요?

어떻게 이 직업을 가질 수 있나요?

이 직업과 관련한 전공은 무엇일까요?

어느 정도의 임금을 받나요?

하위 25%	중위	상위 25%

업무수행능력		지식		가치관	
1		1		1	
2		2		2	
3		3		3	

관련 직업

2. 메이저맵 학과 검색 기능을 활용하여 작성하고 관심 있는 학과를 탐색해 보자.

대학교	학과 이름

학과 커리큘럼 워드클라우드(키워드)

선택 과목 추천

추천 도서

학과 커리큘럼 워드클라우드(키워드)

선택 과목 추천

1. 메이저맵 학과 검색 기능을 활용하여 진학하고자 하는 대학과 학과를 조사해 보자.

❶ 목표 대학 및 학과	❷ 학과 키워드

❸ 선택 과목 추천	❹ 도서 추천

1. 메이저맵 직업 검사 기능을 활용하여 관심 있는 직업과 관련된 정보를 조사해 보자.

❺ 목표 직업	❻ 직업 획득 방법

❼ 필요한 역량	❽ 관련 전공

1   유발 하라리, 《사피엔스》, 조현욱, 김영사, 2015

2   송성수, 〈산업혁명의 역사적 전개와 4차 산업혁명의 위상〉, 과학기술학
     연구, 한국과학기술학회

3   박초롱, 한국 경제, 기적을 만들다, 경제정보센터, 2015.07.29., https://
     eiec.kdi.re.kr/material/clickView.do?click_yymm=201508&cidx=2437

4   Robert E. Lucas, Jr., 〈Making a Miracle〉, The Econometric Society,
     1993

5   류선우, "2050년 인구 대국 인니·나이지리아 경제가 '저출생' 한국 추월",
     SBS Biz, 2022.12.12., https://biz.sbs.co.kr/article/20000093241

6   Largest semiconductor companies by market cap, https://com-
     paniesmarketcap.com/semiconductors/largest-semiconduc-
     tor-companies-by-market-cap/

7   이나리, "SW 투자 없이 韓 시스템반도체 미래 없다", zednet, 2023.02.
     10., https://zdnet.co.kr/view/?no=20230209151853

8   이승우, 한국 AI 경쟁력 세계 7위지만…인재 부문 28위, 환경은 32위,
     한국경제, 2022.09.25., https://www.hankyung.com/it/arti-
     cle/2022092543751

9   클라우스 슈밥, 《클라우스 슈밥의 제4차 산업혁명》, 송경진, 메가스터디
     북스, 2016

10 김지선, [스페셜리포트]'챗GPT' 열풍, AI 시장 뒤흔든다, 전자신문, 2023.01.30., https://www.etnews.com/20230130000092

11 Sabrina Oritz, What is ChatGPT and why does it matter? Here's what you need to know, 2023.09.15., https://www.zdnet.com/article/what-is-chatgpt-and-why-does-it-matter-heres-everything-you-need-to-know/

12 Jo Constantz, Nearly a Third of White-Collar Workers Have Tried ChatGPT or Other AI Programs, According to a New Survey, 2023.01.19., https://time.com/6248707/survey-chatgpt-ai-use-at-work/

13 Samantha Murphy Kelly, ChatGPT passes exams from law and business schools, CNN Business, 2023.01.26., https://edition.cnn.com/2023/01/26/tech/chatgpt-passes-exams/index.html

14 GPT-4, 2023.03.14., https://openai.com/research/gpt-4

15 SAM MCKEITH, Chat GPT is putting the future of grad lawyers under the microscope, LSJ, 2023.03.23., https://lsj.com.au/articles/chat-gpt-is-putting-the-future-of-grad-lawyers-under-the-microscope/

16 Michelle Toh, 300 million jobs could be affected by latest wave of AI, says Goldman Sachs, CNN Business, 2023.03.29., https://edition.cnn.com/2023/03/29/tech/chatgpt-ai-automation-jobs-impact-intl-hnk/index.html

17 JOSHBERSIN, New MIT Research Shows Spectacular Increase In White Collar Productivity From ChatGPT, JOSH BERSIN, 2023.03.22., https://joshbersin.com/2023/03/new-mit-research-shows-spectacular-increase-in-white-collar-productivity-from-chatgpt/

18 [전지적 참견 시점] "진심으로 좋은데?" A.I. 그녀가 만들어준 주제가 가사에 대만족하는 자이언티, MBC 231209 방송, 2023. 12. 9., MBCentertainment, https://www.youtube.com/watch?v=BP9HmTi9N-D4&t=88s

19 김나영, PISA 21세기 독자: 디지털 세상에서의 문해력 개발, 교육정책네트워크 정보센터, 2021.08.19., https://edpolicy.kedi.re.kr/frt/boardView.do?strCurMenuId=10105&nTbBoardArticleSeq=831499

20 신하영, 객관식 시험, 창의력 키우기 한계...OECD국가 '논술시험' 대세, 이데일리, 2022.05.17., https://www.edaily.co.kr/news/read?news-Id=01151286632329904&mediaCodeNo=257

21 임태우, "2025년부터 고교 내신 절대평가로"...대학 입시 어떻게, SBS, 2022.12.13., https://news.sbs.co.kr/news/endPage.do?news_id=N1007006050

22 윤소영, "학생 선택형 교육과정 평가 반영 본격화 2024 학생부 종합 전형 분석", 내일교육1067호, 2022.11.02., https://naeiledu.co.kr/30618

23 김미정, 구글 CEO "AI 발전하려면 '환각' 현상 극복 필수", ZDNET , 2023.04.18., https://zdnet.co.kr/view/?no=20230418142546

24 클라우스 슈밥, 《클라우스 슈밥의 제4차 산업혁명》, 송경진, 메가스터디북스, 2016

25 Tasha Eurich, What Self-Awareness Really Is (and How to Cultivate It), Harvard Business Review, 2018.01.04., https://hbr.org/2018/01/what-self-awareness-really-is-and-how-to-cultivate-it

26 김총기, 감정을 잘 조절하는 방법은?, 정신의학신문, 2022.08.17., https://www.psychiatricnews.net/news/articleView.html?idxno=33427

27 이혜미, '피식대학' 이용주 "우린 가장 인기 없는 코미디언들, 불러주지 않아 스스로 도전", 티비리포트, 2024.02.18., https://v.daum.net/v/20240218204930393

28 1997년 Macworld Conference & Expo 스티브 잡스의 기조 연설

29 최정석, 전세계 연구 현장에 이미 스며든 챗GPT...과학자들 "브레인스토밍에 가장 많이 쓴다", 조선비즈, 2023.02.21., https://biz.chosun.com/science-chosun/science/2023/02/21/KBBOTEL5CRHQBJB2SX-O37N3CN4/

30 최성애, 조벽, 《정서적 흙수저와 정서적 금수저》, 해냄, 2018

정답 찾는 아이, 질문 찾는 아이

초판 1쇄 발행 2024년 3월 27일

지은이 메이저맵
펴낸이 박영미
펴낸곳 포르체

책임편집 강가연
마케팅 정은주
디자인 황규성

출판신고 2020년 7월 20일 제2020-000103호
전화 02-6083-0128 | 팩스 02-6008-0126
이메일 porchetogo@gmail.com
포스트 https://m.post.naver.com/porche_book
인스타그램 www.instagram.com/porche_book

ⓒ 메이저맵(저작권자와 맺은 특약에 따라 검인을 생략합니다.)
ISBN 979-11-93584-28-6(03370)

여러분의 소중한 원고를 보내주세요.
porchetogo@gmail.com